Heidi Gidion

# Was sie stark macht, was sie kränkt

HERDER / SPEKTRUM

Band 4225

Das Buch

Die Väter sind wichtig für ihre Töchter. Dennoch glänzen sie oft durch Abwesenheit, immer noch. Oder sie haben ganz bestimmte Erwartungen an ihre Töchter, die diese ihr ganzes Leben lang mit sich herumtragen. Oft empfinden sie sie als belastend, manchmal auch als etwas Kostbares. Die Beziehung zwischen Vätern und Töchtern ist also nicht immer einfach. Gerade wenn die Töchter sensibel sind und kreativ, gibt es schwierige Situationen. Ein Glücksfall ist es, wenn der Vater die Tochter anerkennt. Gefährlich ist es, wenn die Tochter immer wieder das Gefühl haben muß, versagt zu haben. Heidi Gidion läßt hier Literatinnen zur Sprache kommen, die über die Beziehung zu ihrem Vater schreiben und beispielhafte Möglichkeiten zum Ausdruck bringen. Wie im Spiegel werden Verletzungen deutlich und die Chancen, die in einer gelungenen Beziehung liegen. Was ist, wenn eine Tochter der Liebling des Vaters ist? Wenn der Vater zum Alptraum wird? Wenn er die Tochter sexuell mißbraucht? Wenn der Vater nur einfach nicht da ist? Heidi Gidion illustriert mit Texten von Sylvia Plath, Ingeborg Bachmann, Marie Luise Kaschnitz, Christa Wolf, Lou Andreas-Salomé, Nathalie Sarraute u. a. die Höhen und Tiefen einer besonderen Beziehung.
Als Patriarchat ohne Väterlichkeit ist unsere Gesellschaft zu charakterisieren. Heidi Gidion plädiert für Väterlichkeit ohne Patriarchat.

Die Autorin

Heidi Gidion, Dr. phil., Literaturwissenschaftlerin, lebt in Göttingen. Sie hat eine Tochter. Bei Herder/Spektrum: Und ich soll immer alles verstehen. Auf den Spuren von Müttern und Töchtern (Band 4214).

Heidi Gidion

# Was sie stark macht, was sie kränkt

Töchter und ihre Väter

Herder
Freiburg · Basel · Wien

Originalausgabe


Herstellung: Freiburger Graphische Betriebe 1993
Umschlaggestaltung: Joseph Pölzelbauer
Umschlagmotiv: Edvard Munch, The lonely ones,

ISBN 3-451-04225-8

# Inhalt

# „Vater“ – was ist das?

„Nein, ein konkretes Vaterbild hatte ich weder als Kind, noch habe ich es heute. Vater, das ist so eine Art Puzzle, zusammengesetzt aus ...“

„... man muß das Leben und seine Erscheinungen zerspalten, zersplittern, aufleuchten lassen, ein Prismatiker sein ..., ziellos, sinnlos, bruchstückartig, vorübergehend empfinden und ausdrükken, dann wird die Darstellung tief und spielerisch, erregend und zukunftsfähig. Nur der Augenblick gilt, nur die Stimmung zählt, nur die Impression hat recht, nur das Tragische hat Dauer.“

Die erste Stimme ist die einer Tochter; die zweite die eines Vaters. Dessen Tochter Nele zitiert ihn herbei in ihrem Buch „Mein Vater Gottfried Benn“.

Die Töchter, die über ihre Väter schreiben, können gar nicht anders, als in vielem so vorzugehen, wie es Gottfried Benn im August 1949 in einem Brief an seine Tochter empfiehlt. Die schreibenden Töchter allerdings befolgen nicht ein literarisches Programm, wie es der Autor-Vater hier aufstellt, sondern sie gehorchen eher der Not. Sie haben gar nicht mehr als zerspaltene und zersplitterte Erscheinungen, als Bruchstücke, Augenblicke, Stimmungen, Impressionen – und, oft genug, das Tragische, wenn sie darstellen wollen, was „Vater“ für sie bedeutet.

Denn „Vatergestalt“, „Vaterbild“, „symbolischer Vater“, „biographischer Vater“, – solche andernorts mit gutem Grund vorgenommenen Unterscheidungen geraten ihnen durcheinander aus einem ebenfalls guten Grund: Sie setzen eine Distanz voraus, über die die Tochter in der Regel gerade nicht verfügt.

Schreibe ich über meinen Vater, so fließt fast unmerklich etwas ein von einem Vater-Bild, das mich ein Leben lang begleitet hat als ein faßliches Ganzes, wo ich in der Wirklichkeit doch nur einige wenige Erscheinungsweisen seiner Person zu Gesicht bekam. Und jenes deutliche und eindeutige Vater-Bild schob sich vor meine bruchstückhafte Wahrnehmung einer eher undeutlichen, widersprüchlichen realen Vater-Gestalt und hat sie für mich verzerrt oder verschönt. Ferner meinen die Töchter oft genug Kritik an bestimmten patriarchalen Zügen der Institutionen, des gesamten öffentlichen Lebens, dieser „symbolischen Väter", wenn sie „Vater" sagen und ihn angreifen. Vater – das war einmal für die Tochter die Macht schlechthin, die sie gelegentlich lehrte und häufiger als Arbeitskraft ausbeutete, die sie schlug oder streichelte, sie versorgte und verheiratete, ins Kloster steckte zur Ausbildung oder zur Versorgung. Dieser historische Vater ist aufgehoben im Vaterbild bis heute.

„Vater": Das ist etwas aus Widersprüchlichstem Zusammengesetztes. Es besteht aus Vorstellungen und Phantasien, aus Beobachtungs- und Erinnerungsfragmenten, aus Schnappschüssen und Anekdoten; und von denen wählt die Tochter einige aus und erklärt sie als „typisch", wobei sie notwendigerweise von anderen absieht oder sie zu „Ausnahmen" erklärt.

„Ich habe mehr von meinem Vater, wenn ich versuche, unser Verhältnis zu schildern", schreibt Benns Tochter Nele Soerensen zu Beginn, und so halten es die Autorinnen fast alle: Ihre Versuche, den Vater zu beschreiben, zielen auf das Verhältnis, das er zu ihnen hat.

Festzuhalten ist die Tatsache: In der Mehrzahl sind es die Töchter, die diesen Versuch unternehmen. Nicht die Väter.

Gegenüber, sagen wir: hundert Töchtern, die das Bedürfnis dazu treibt, über das Verhältnis von Vater und Tochter schreibend nachzudenken, steht, sagen wir: ein Vater-Text, der von der Überzeugung lebt, es gebe viel nachzudenken über die Tochter und ihr Verhältnis zu ihm.

Ich staune darüber.

Wer Erinnerungen erzählt, deutet und erfindet. An eine andere Unterscheidung ist deshalb ausdrücklich anzuknüpfen: die Unterscheidung von autobiographischem Ich und erzählendem Ich. Nicht jede Autorin spricht von sich selbst, wenn sie „ich" in ihrem Text sagt, nicht jede meint ihren Vater, wenn sie „Vater" sagt. Andererseits wird diese Unterscheidung häufig hinweggefegt von dem Sturm der Erinnerungen, der auch die literarischen Kunstprodukte – und die Lesarten mitbewegt. In das Eigenleben, das die gedichtete Tochter, der gedichtete Vater in der Phantasie der Autorin und im Text entfalten, schießt oft genug etwas ein vom Autobiographischen, als Klangfarbe, als Opposition, als Dringlichkeit.

Auch im literarisch Ausgeformten vermischen sich Selbstentwürfe und Erfahrungen, Erlebtes und Erdachtes, beispielsweise zu dem, was Benn als seine „schriftstellerische Gesinnung" absondern will von seinen väterlichen Gefühlen in einem anderen Brief an seine Tochter. Die hatte sich an alle die säuberlichen Unterscheidungen, die ihr als Journalistin bewußt waren, einmal doch nicht halten können und eine verallgemeinernde Feststellung des Autors Benn über „Töchter" gekränkt auf sich bezogen, ja, beziehen müssen, da ihr die sachlichen Details seiner Geschichte wohlbekannt waren; – sie als Tochter hatte sich allerdings genau entgegengesetzt zu den von ihm als habgierig charakterisierten „Töchtern" verhalten.

Darauf antwortete er zerknirscht: „... meine gehässigen Bemerkungen gegen Kinder und Enkel finden sich ja oft in meinen Büchern, es ist meine schriftstellerische Gesinnung, aber nicht mein eigenes Gefühl widerspiegelnd. Wie sehr ich dich liebe ..., habe ich oft zu mir nahestehenden Menschen ausgesprochen." Für die Literaturwissenschaft ist diese Spaltung von „schriftstellerischer Gesinnung" und „eigenem Gefühl" kein Problem. Für die Tochter bedeutet es jedoch harte Arbeit, bis sie sich zu dem reichlich entsagungsvollen Standpunkt aufschwingt, „daß wir, die den Dichter lieben oder ihm angehören, immer nur ein Teil seines Werkes sein können und gerade in dem Augenblick und an der Stelle in einer Gedankenreihe gebraucht werden, wo wir als Material nützlich sind."

Was ist das eigentlich, die „Liebe" des Vaters, der ein seiner Kunstauffassung lebender Artist ist? Die Tochter schickt ihm ein kleines Buch von sich, das sie nach der Geburt ihrer Zwillinge verfaßt hat. „So wie eine Mutter schreibt, nichts weiter. Ein kleines Lob von meinem Vater hatte ich vielleicht erwartet." Was sie statt dessen erhält, nennt sie „viel wertvoller": nämlich wieder einen seiner Schriftsteller-Briefe, in dem er ihr kollegial rät, sich doch lieber „nicht auf das Weibliche" zu spezialisieren, sondern ihre „männlichen intellektuellen Züge" zu schulen durch Lektüre der großen Denker: „Also keine Gefühle, sondern Gedanken, Form, Distanz!" Was ist bei diesem Austausch von Buch und Brief passiert? Die Tochter schreibt ein einziges Mal als Mutter, um sich ihrem Vater in dieser neuen Lebensform vorzustellen. Er reagiert professionell, als der Verwalter der Schrift, auf sie als Verfasserin eines Textes und rät ihr ausdrücklich ab von Thema und Schreibweise. Das ist ein aussagekräftiges Mißverständnis, das immerhin die Frage nahelegt, ob der Autor-Vater statt „eigener Gefühle" vielleicht doch nur „schriftstellerische Gesinnung" habe – auch für die Tochter?

In dem Buch „Mein Vater Gottfried Benn" versammelt die Tochter Briefe und Daten des Autors und des Vaters mitsamt ihren eigenen Impressionen als Vermächtnis für sie selbst. Sie läßt seiner Selbstdarstellung, seinen Worten, weitaus mehr Raum als ihren eigenen Worten; dabei vermeidet ihre Einstellung jede Anklage.

Gehe ich dieser Einstellung im einzelnen nach, so gewinne ich mit der Haltung von Benns Tochter zugleich die Tochter-Haltung, die als „klassisch" bezeichnet werden kann und die ich deshalb an den Anfang dieses Buches setze – wie ein Medaillon.

Nach dem Tod der Mutter wollten Tochter und Sohn, sieben und zehn Jahre alt, begreiflicherweise mit dem Vater zusammenbleiben. Benn schlug es den Kindern ab; sie wurden nicht nur vom Vater getrennt, sondern auch von einander. „Warum schickte mein Vater seine einzige Tochter nach Dänemark? ... Warum ließ er seine Tochter dort bleiben, in einem anderen Milieu, in einem fremden Land? Diese Frage habe ich mir als Kind Hunderte von Malen gestellt. Warum? Warum? Vielleicht doch, weil es leichter war, Nele los zu sein." In ihrer Darstellung verschweigt die Tochter die Fakten nicht, aber ihre Perspektive ist durchgehend die einer vollständigen Identifizierung mit dem Vater: „Ein Beruf (Benn praktizierte als Arzt) und ein dichterisches Lebenswerk – eine unglaubliche Leistung und des Bewunderns wert. Da mußten eben Frauen und Kinder weichen." Sie verweilt nicht bei ihren Enttäuschungen, sie streift nur leicht über sie her. Sie führt vor, wie es aussieht, wenn eine Tochter den Vater „versteht"; kritiklos und freudig nimmt sie vorlieb mit dem, was sie von ihm bekommt: die Nachrichten von seinen Erfolgen, die Briefe als die Form seiner Präsenz, mit dem verführerischen Wortzauber des Dichters, sobald der einmal durchschlägt durch den sonst eher lakonischen und auffallend schlichten Vater-Ton, die Bücher-Geschenke, „die ganze Weltliteratur", denen sie ihre Bildung und ihren Geschmack verdanke. Er ist verehrter Lehrer; sie, im Dänischen großgeworden, rühmt sein „wunderbares Deutsch". „Ich kam als siebenjähriges Kind nach Dänemark und sah seitdem meinen Vater nur selten. Dennoch bedeuteten wir einander viel." Dieses „einander", dieses Bewußtsein von der Wechselseitigkeit, ist – wie so häufig – die idealistisch interpretierende Leistung der Tochter, ihre emotionale Zutat zu der Einsicht, dienend hinter seinem Werk zurückzutreten oder als „Material" in das Werk einziehen zu dürfen. Sie erlebt es so: „Vater und Tochter? Nein, zwei Freunde." Wer Benns Briefe etwa an seinen Freund Oelze zum Vergleich neben die Bennschen Vater-Briefe hält, sieht, welch einen schmalen Ausschnitt aus seinem Leben, gleichsam eine „gereinigte Fassung", er der Tochter zugänglich macht. Sie bescheidet sich damit, dankbar, daß er sie „zwar entbehren konnte, aber nicht verlieren wollte."

Ihre unerschütterliche Loyalität bewährt sie auch im Rückblick auf die vorübergehende väterliche Parteinahme für die Nazi-Ideologie 1933; sie zweifelt nie an seiner Gesinnung, wie sie schreibt. – Wo sie etwas ahnt, das geeignet wäre, ihre Idealisierungen zu durchkreuzen, schaut sie weg, übt Urteilsenthaltung. Daß er in seinen Verhältnissen zu Ehe-Frauen, Geliebten und Freundinnen denselben männlichen Chauvinismus zeigt wie der Tochter gegenüber, ausschließlich kreisend um sich und seine Arbeitsruhe, hat sie rührend arglos, unterwürfig uminterpretiert. „Da mußten eben Frauen und Kinder weichen". In der Realität mußten nur die Kinder weichen, die Frauen erst dann, wenn sie als Musen oder Schreibkräfte ausgedient hatten.

Seine Vater-Maske ist eine unter vielen Masken. Die Tochter nimmt sie verehrungsvoll für den ganzen Vater. Sie druckt ohne Kommentar, wohl zustimmend, ab, was er in einem Brief an sie zitierte, diesen italienischen Schlager aus dem Jahr 1952, seinerzeit „neu" und überaus populär, Trompete und Frauenstimme, – und von dem Text nimmt Benn nur, was er brauchen kann:

„Oh mein Papa war ein wunderbare Mann –
oh mein Papa war ein wunderbare Clown
ob mein Papa war eine große Künstler
auf dem Seil –".

Ein großer Künstler, ein wunderbarer Clown. Für die Tochter außerdem noch: Oh mein Papa! Wunderbarer Mann.

Als Kind habe ich gern gebetet. Nicht nur in Notzeiten, sondern auch, wenn ich froh war. Am liebsten das Gebet der Erwachsenen: „Vater unser, der du bist im Himmel ... – Und erlöse uns von dem Übel" (als ich klein war, lernte ich es so; heute heißt es zwar: „Und erlöse uns von dem Bösen", aber ich kann mir unter „Übel" immer noch viel mehr vorstellen) „... Und die Kraft und die Herrlichkeit ...". Was ich mir vom „Vater" erbitten wollte, war etwas über alle irdische Maßen Wunderbares, Leuchtendes, Erhebendes. Das „im Himmel" wollte ich herunterbitten auf die Erde, genauer: auf meinen Wohnort, her zu mir. Dachte ich eigentlich je an meinen eigenen Vater bei diesem Gebet?

Wenn ich dem Namen „Vater" nachspüre, so ist mir, als habe er damals eigentlich eine gesteigerte Mutter gemeint, eine mächtigere, stabilere. Denn „Vater" bedeutete mir damals nichts Spezifisches, nichts, was meine Mutter in ihren guten Augenblikken nicht auch hätte darstellen, mir nicht auch hätte geben können.

„Vater": Was mir dabei in Phantasie und Erinnerung heute als ein Fragment vor dem inneren Sinn steht, ist zunächst einmal ein Rücken am Schreibtisch, gebeugt über ein hochwichtiges kollektives Abstraktum, das „Arbeit" hieß, nie ein Ende nahm und ihn ganz und gar mit Beschlag belegte. Mir kam es so vor, als sei ich, verglichen mit der „Arbeit", von der Bedeutungslosigkeit eines Federgewichts. Jetzt sehe ich einen Mann, der mit kleinen komischen Liedern, mit selbstgemachten Versen, schauspielernd gestikulierend meine Mutter zum Lachen bringt. Mir fällt ein: Nie hat er mir etwas zuleide getan, nie mußte ich mich vor ihm fürchten.

Aber ich bin nicht imstande, mir solche harmlosen Fragen zu beantworten, wie: Was habe ich als Kind eigentlich mit ihm gespielt – oder er mit mir? Wo sind wir zusammen hingegangen? Hat er mir das Schwimmen beigebracht? – Ich weiß es nicht.

Das elterliche Schlafzimmer war ein Raum, in dem für mich kein Platz war. Auch nicht zum Kuscheln im Doppelbett, am Sonntagmorgen vielleicht. Ich höre statt dessen am Morgen meinen Vater den grünen Kachelofen im Wohnzimmer mit einer bestimmten ausgeklügelten Mischung von Braunkohlenbriketts und Steinkohleeiern versorgen; geschickt machte er das: ein sorgfältig geschichteter Aufbau; vom Abend zuvor war die in Zeitungspapier eingeschlagene Preßkohle noch am Glimmen, und er entfachte mit Holzspänen die neue Glut.

Das war etwas Wichtiges. Nur er konnte das. Es war wieder: Arbeit, also gleichbedeutend mit Pflicht („du erhabner Name"), –

und daher seiner ungeteilten Zuwendung würdig und bedürftig. Arbeit, das war etwas, das unter keinen Umständen aufgeschoben oder nebenbei hätte erledigt werden dürfen – dann wäre es ja eine Spielerei gewesen, etwa begleitet von einem Gespräch – oder gar vergnügtem Herumalbern oder auch einmal vom Stöhnen eines Überdrusses. Arbeit, das war auf keinen Fall auf dem schnellstmöglichen Wege zu erledigen, sondern bedächtig.

Was „Arbeits-Ethos" heißt, unbefragtes, selbstverständliches Pflichtgefühl, ohne jedes sichtbare Zeichen von Selbstüberwindung, ohne jede Frage nach eigener Lust oder Unlust, mit einer unbedingt geltenden Priorität: Am Vater wurde es Ereignis, mit Nachdruck, und hier habe ich es in jungen Jahren kennengelernt.

Etwas Recht-Getanes, so gering es auch sein mochte, war immer ein Gleichnis alles Recht-Getanen.

Ich fand das vorbildlich – an sich. Was mir davon bis heute geblieben ist und was ich erlebe als von weit her über mich kommend und ferngesteuert, ist eine Arbeitswut, die deutlich Anfallcharakter trägt, das heißt, daß sie mich nur gelegentlich heimsucht, verbunden mit einer seltsam heftigen, unduldsamen Irritation jeglicher Pfuscherei gegenüber, meiner eigenen vor allem, aber auch fremder. Als wirklich vorbildlich konnte sich die väterliche Arbeitseinstellung bei mir nicht durchsetzen. Ich reagierte auf sie mit einer Mischung aus Respekt, Bewunderung und tiefsitzenden Vorbehalten. Es strömte etwas Abweisendes, Erkältendes aus, fand ich, dieses ernsthafte väterliche Arbeiten als nie in Frage zu stellender Dauerzustand.

Des Vaters technisches Interesse und seine Kompetenz in sämtlichen Sachen angewandter Technik waren über jeden Zweifel erhaben und strahlten das eisige Licht der Vollkommenheit aus, das mich fernhielt. Anleitung zum Selbermachen sprang nicht dabei heraus, statt dessen Einschüchterung vor Geräten im großen und ganzen. Laß die Finger davon, das ist nichts für dich. Oder auch: Du bist nichts für sie, die Geräte.

„Bei uns daheim hatte der Vater die Elektrizität gepachtet", heißt es am Anfang einer Kurzgeschichte von Marlen Haushofer, – was ja nicht ausschließt, daß es in anderen Familien die Mütter und Töchter sind, deren Augen bei Kurzschlüssen aufleuchten und die niemanden an die Sicherungen heranlassen. In die Breite geschaut, ist das aber offensichtlich eher selten, wie das Kopfnikken teils gerührten, teils leicht bitteren Einverständnisses zeigt, das ich schon öfter beim Vorlesen dieses Eröffnungssatzes beobachtet habe. „Es werde Licht" – ein Vaterwort.

Noch ein Beispiel von den kleineren, aussagekräftigen Erinnerungen, die viel zu leicht abhandenkommen. Der von meinem Vater vor dem Aufbruch in die großen Ferien gepackte ausladende Koffer war – ich gönne mir diesen laxen Ausdruck: ein Gedicht, was die Fein-Struktur des Koffer-Inneren anbelangt. Ich hätte auch nicht ein Tüchlein noch hineinmogeln können in das Kunstwerk, hätte es auch nicht gewagt.

Von seiner beruflichen Kompetenz ganz zu schweigen; von seiner Beliebtheit beispielsweise zeugten die Geschenke dankbarer Klassen an jedem Schuljahrsende. Daß er Lehrer war, brauche ich gar nicht erst extra zu erwähnen; mir schien damals, daß die mit „Vater" gleichsam mitgemeinten Berufe waren: Lehrer, Pfarrer, Papst, Dirigent. Und Lokomotivführer. Und Flugzeugkapitän. Erklär- und Führungsberufe eben.

Doch, ich war unbedingt stolz auf meinen Vater und seine Kenntnisse, auf seine Wichtigkeit, die ja schon allein daraus hervorging, daß er nie Zeit für mich hatte. Fast sicher bin ich, daß auch ich ihn später heiraten wollte, wie das kleinen Mädchen so eigen ist. Aber es war meine Mutter, die ich mit Herzklopfen fragte, wen sie denn nun wirklich lieber habe – meinen Vater oder mich. Worauf sie sich amüsiert auflachend aus der Affäre zog auf eine mich ganz und gar nicht beruhigende Weise. Für Gefühle – das heißt: für Gespräche über Gefühle – kam ein für alle Male einzig meine Mutter in frage. Für Gefühle, den Haushalt, die Verwandtschaft und mich. Denn das Klischee weitreichender Arbeitsteilung zwischen Mann und Frau war bei uns ein real existierendes: Für alles innerhalb des Hauses – außer der Technik – war meine Mutter zuständig, und zwar als unbedingte Autorität, und so fiel ich gänzlich unter ihre Kompetenzen. Vater – das war der, der sich aufatmend und, wie er meinte, unauffällig aus dem Zimmer entfernte zu ernsthaften Tätigkeiten, sobald meine Mutter und ich unsere von ihm her gesehen ausufernden Gespräche führten, über die Glieder der Verwandtschaft etwa, gelegentlich auch über meine Freundinnen; meine Mutter wies dann befriedigt darauf hin, daß „Männer" doch eigentlich außerstande seien, „Frauen" zu verstehen. Frauen – das waren für meinen Vater wiederum Wesen, bei denen man nie genau Bescheid wissen konnte, leicht kränkbar, nahe am Wasser gebaut, dann wieder in unstillbare Lachanfälle ausbrechend, wo es nichts zu lachen gab, jederzeit bestechbar durch Anschaffungen von Kleidern und überhaupt: etwas „Schönes", dauernd „Verständnis" einfordernd; vielleicht hätte er sich mit einem Sohn als Rückenstärkung zu Hause wohler, weil sicherer gefühlt. Darüber hätte er selbstverständlich nie gesprochen , – allein solch ein Thema hätte er kopfschüttelnd weit von sich gewiesen.

Bevor mein Vater in den Krieg ziehen mußte, hatte er Anfang der vierziger Jahre monatelang fünfunddreißig Berliner Jungen zu betreuen, die wegen der Nacht für Nacht auf die Landeshauptstadt niedergehenden Bomben ausquartiert und in die österreichischen Berge „kinderlandverschickt" wurden. Er tat es zusammen mit meiner Mutter, die ihnen die ewig zerrissenen Socken stopfte, die Knöpfe annähte, die Pflaster aufklebte und Kamillentee kochte, wenn sie vor Heimweh über Bauchschmerzen klagten. Mein Vater war ihr Lehrer, von morgens im Schulraum bis nachmittags beim Skilaufen und erst recht abends, wenn er sie zum Einschlafen zu bewegen versuchte mit Vorlesen und Singen und Strenge zuletzt, bis er erschöpft in unser gemeinsames Wohn- und Schlafzimmer kam. Daß angesichts dieser Arbeit, dieser pausenlosen, hoch verantwortungsvollen, mein Teil einzig still zufriedene Anspruchslosigkeit zu sein hatte, brauchte mir niemand zu erklären.

Vater – das war der, der immer für andere und anderes da ist, jetzt nur noch etwas verschärfter.

Als er dann in den Krieg mußte, fehlte er mir deshalb auch nicht. Ich gab mich der beflügelten Illusion hin, ihn bei meiner Mutter vollgültig ersetzen zu können. Im Rückblick erst fällt mir auf, daß mir der Gedanke nie kam, sie hätte ihn bei mir ersetzen müssen. Goethe hält in einer seiner „Maximen und Reflexionen" fest: „Für die vorzüglichste Frau wird diejenige gehalten, welche ihren Kindern den Vater, wenn er abgeht, zu ersetzen im Stande wäre." Das ist gewißlich wahr; aber ich wünschte mir doch auch einen Aphorismus über die viel erstaunlichere Tatsache, wie oft wohl das Kind ein Elternteil, das in welchem Sinne auch immer „abgeht", zu ersetzen imstande sein muß, ohne daß seine „Vorzüglichkeit" buchenswert erscheint.

Jetzt erst wurde ich von ihr für voll genommen, schien mir. Ich schrieb und zeichnete ihm hingebungsvoll Briefe in die Ferne. Am Soldatischen lag ihm allenfalls die Disziplin; ein Held zu sein oder auch nur ein Krieger, wäre ihm nie in den Sinn gekommen. Krieg: Das mußte durchgestanden werden. Und auch Gefangenschaft. Als der Krieg schon einige Monate beendet war, stand er eines Tages unversehens da draußen vor der Tür, und mein erster Gedanke war, fortan würde nun er in meiner Hälfte des Doppelbetts neben meiner Mutter schlafen.

Zwar hatte er das Lachen ganz verlernt. Zwar war er nicht nur erschreckend ernst, sondern auch erscheckend dünn; aber ich erkannte ihn nicht nur sogleich an seinem Äußeren, sondern auch daran, daß er aufrecht gehalten wurde von einem einzige Ziel: endlich wieder genauso leben und das heißt arbeiten zu können wie vor dem Krieg.

Trotz Fliegerangriffen und Angst, trotz dem Zustand, der „Ausgebombt" hieß, trotz Mangel an all und jedem, – mir schien, daß meine Mutter und ich wie zwei kindliche Schwestern den Krieg spielend überstanden hatten. Ich habe die schönsten Erinnerungen meiner Kindheit an diese Kriegsjahre und konnte es jedes Mal aufs neue nicht fassen, wenn ich später meine Mutter reden hörte: Was das für entbehrungsreiche, eigentlich unerträglich harte Jahre gewesen seien.

Was immer mir mein Wunschdenken an glücklichem Drüberhinwegspielen über Krieg und Nachkrieg vorgegaukelt haben mag: Das war mit einem Schlage vorbei. Vater – das hieß „Der Ernst des Lebens". Meine Mutter gab sich auch vor mir wieder als die sorgenvolle Erwachsene, und ich fand mich aus der Gleichberechtigung zurückgestuft auf den Rang des verantwortungslosen Kindes. „Wichtig" und „unwichtig" für das Familienleben wurden aufs neue einzig bestimmt durch seinen Beruf, in den er sich mit der gewohnten energischen Ausschließlichkeit hineinarbeitete. Mein Vater war kein Nazi gewesen, und dafür bin ich ihm noch heute dankbar. So wechselten wir dank seinem raschen beruflichen Aufstieg in kurzen Abständen immer wieder den Wohnort. Ich verlor immer aufs neue Freundinnen und liebgewordene Schulklassen. Wieder diktierte seine Arbeitswelt meine Lebensbedingungen. Selbstverständlich. Was denn sonst?

Habe ich meinen Vater überhaupt kennenlernen können? Und er mich? Wie hat er mich geprägt?

Ich lese im Buch „Kindheit" von Nathalie Sarraute, und eine Situation hält mich fest: „Wenn ich mit meinem Schulheft in der Hand in das Arbeitszimmer meines Vaters komme, läßt er sofort alles stehen und liegen und hört mir zu ... und ich habe dann beim Vorlesen wieder das glückliche Gefühl wie beim Gedichtaufsagen, nur noch stärker ... Mein Vater ist immer zurückhaltend, er ist sparsam mit Komplimenten, aber die brauche ich auch gar nicht, ich sehe an seinem Gesicht, an der Art, wie er mir zuhört, daß er sagen wird, es sei sehr gut. Mehr nicht. Aber das genügt mir."

Das lese ich – und plötzlich ertappe ich mich dabei, daß mir das Herz schwer wird. Ist es ein jähes Gefühl eines Mangels? Einer Erfahrung, die mir vorenthalten geblieben ist? Vater – das kann also einer sein, der alles stehen und liegen läßt, wenn seine Tochter in seinem Arbeitszimmer erscheint. Man bedenke: in seinem *Arbeits*-Zimmer! Die Tochter kommt gar nicht auf den Gedanken, daß sie unliebsam stören könnte! Vater – das kann einer sein, der inmitten seiner Arbeit willens und imstande ist, so aufmerksam gesammelt zuzuhören, daß die Art dieses Zuhörens allein schon Anerkennung ausdrückt und Einverständnis.

Dieser Vater nimmt die kleine Tochter nicht als ein putzig possierliches Geschöpfchen wahr, an dem er sich erfreut wie an dem Echo seiner eigenen kindgemäß gehaltenen Welterklärungen; sie ist ihm nicht das süße Dingelchen, das er am Rande seines Bewußtseins freundlich mitlaufen lassen kann. Sondern er ist ihr in Zärtlichkeit zugewandt, so daß er auch auf die geistige Leistung hinter der scheinbaren Drolligkeit ihrer Äußerungen merkt – aber im stillen, ohne gönnerhaft übertriebenes Lob –, als das kleine Mädchen für sich allein etwas erfaßt vom Geheimnis der Zeit-Messung und des Zeit-Wesens angesichts der stetig gleichförmigen Abfolge der Wochentage. Es hat gerade ihre Namen gelernt und sagt sie nun staunend auf, nacheinander, wieder und wieder. Und dann fragt es: „ ‚... Wenn ich es den ganzen Tag lang aufsage? Wenn ich es die ganze Nacht lang aufsage? Kommt das dann immer wieder, Montag, Dienstag, immer?' – ‚Immer, ...', seine Hand gleitet über meinen Kopf, ich spüre, daß etwas in ihm erstrahlt, was er verschlossen hält, was er zurückhält, er mag es nicht zeigen, aber es ist da, ich fühle es, es ist in seine schnell zurückgezogene Hand gedrungen, in seine Augen, in seine Stimme, die das Diminutiv ausspricht, das er allein von meinem Vornamen ableitet: Taschock oder das Diminutiv dieses Diminutivs: Taschotscheck ... und auch diesen komischen Namen, den er mir gibt: Pigalitza ... als ich ihn frage, was das ist, sagt er mir, es sei der Name eines Vögelchens." Die erste Sprache des Vaters ist Russisch, und er ist von Rußland nach Paris gezogen, um dort als Chemiker selbständig arbeiten zu können. Vielleicht zusätzlich auch, um die Tochter nicht wieder herauszureißen aus ihrer neugefundenen Heimat. Vater und Tochter leben dort erst seit kurzem zusammen, getrennt von der Mutter des Kindes. Sie war es, von der die Tochter früher förmlich bezaubert war, für die sie überwältigende Zärtlichkeit empfunden hatte.

Während die Erzählerin im Rückblick, in stockender Erinnerungsarbeit, sich einzugestehen mühen muß, daß die Mutter nicht nur ihre erste große Liebe war, sondern auch ihre erste große Enttäuschung, erinnert sie im Zusammenhang mit dem Vater Stationen aufmerksamer, zärtlicher, tröstender, unsentimentaler, anerkennender Zuwendung, wie ich sie in dieser kraftvollen Dichte nur noch ein einziges Mal aufgeschrieben gefunden habe, diesmal von einem Vater selbst, wieder einem Russen. Davon wird das letzte Kapitel dieses Buches handeln.

Die Erzählerin möchte es nicht herauslösen aus den von ihr erinnerten Situationen, etwa als psychologisch dingfest zu machende Qualität, was die Tochter hier noch einmal durchlebt und vertieft, sie beläßt es bei dem „Etwas", das im Vater vorgeht und sich ihr wortlos mitteilt. Das „Etwas" ist nichts Programmatisches und nichts, das sich in verklärter Erinnerung beschwören läßt. Es ist da, die skeptische, kritische Tochter ist Zeugin: Wache Aufmerksamkeit, nichts verniedlicht, die Gefühle gewagt, keine Besitzer-Allüren.

Ob Nathalie Sarraute dies faktisch erinnert oder dem Vater zuschreibt in der Fiktion und als Erinnerung ausgibt, wer wollte das entscheiden. Ich genieße die Darstellung dieses Vater-Tochter-Verhältnisses. Denn was nottut, sind Modelle geglückter Beziehungen, neben dem Wegziehen des Pietäts-Schleiers vor all den vielfältig mißglückten. Letztere überwiegen in den Texten, denn auch hier ist es so, daß Leid nach Ausdruck verlangt, – viel dringlicher als Glück.

Ich lese in Ruth Klügers autobiographischen Aufzeichnungen „weiter leben. Eine Jugend". Die Erzählerin erinnert sich, selbstverständlich, auch an ihren Vater. Das heißt: Sie möchte sich an ihn erinnern. Aber da ist so wenig. Sie war noch klein, als er für immer verschwand, als Jude von den Nazis aus Wien fortgeschafft – dann ermordet, wie sie erst Jahrzehnte später herausfand und sich eingestehen konnte. Zu dem wenigen aber, das ihr geblieben ist, gehört eine Geste.

Am ersten Schultag fühlt sich das Kind fast verlassen, weil es den Vater vor dem Schultor nicht sehen konnte, wo doch alle anderen Eltern schon ihre Kinder abgeholt hatten. Er erklärt ihr, daß er sich nicht drängeln mochte. „Wir hab'n ja nix zu versäumen". Da scheint er ihr „der Vornehmste von allen", weil er nicht seine Ellbogen gebraucht hatte. Und dann heißt es: „Ich nahm ihm versöhnt das Stanitzel, österreichisch für Tüte, mit den Bonbons ab, legte meine Hand in seine und ging sehr zufrieden mit ihm nach Hause." Gleich im nächsten Absatz erzählt sie von einer Situation, in der es nun nicht mehr nur um eine augenblickliche Enttäuschung ging. Es ist im November 1938, und der Vater zeigt der Tochter die zerbrochenen Fensterscheiben der Geschäfte auf der Mariahilferstraße: „Da kann man jetzt nicht mehr einkaufen. Das ist geschlossen, du siehst ja. Warum? Die Leut, denen das gehört, sind Juden wie wir. Darum."

Er macht erst gar keinen Versuch zu erklären, was sich seinem eigenen Verständnis entzieht; aber er macht auch keinen Umweg um die mit Glassplittern übersäte Straße, die Tochter etwa zu schonen. Er mutet es ihr zu, nüchtern und sachlich: So ist das – und wir gehören zu denen mit den zertrümmerten Fensterscheiben. Die erinnernde Erzählerin hatte die kurze Szene so eingeleitet: „Ungefähr ein Jahr später gingen wir wieder Hand in Hand durch die Straßen". Das ist es, was für sie die beiden so ungleichen Situationen miteinander verbindet.

Vater – das ist hier einmal einer, der nicht „der Größte" ist und auch nicht vorgibt, es zu sein, um der Tochter zu imponieren; der nicht vorgibt, darüberzustehen und alles zu durchschauen. Auch in dem eingefügten Gedicht aus späterer Zeit, das sie ihm widmet, „Mit einem Jahrzeitlicht für den Vater", taucht die Geste noch einmal auf inmitten der Erinnerung, die „Wie Wolle auf der Spule" rollt und dann plötzlich abreißt: „Meine Kinderhand in deiner breiten, kühlen". – Er hat sich selbst nicht schützen können am Ende und die Tochter auch nicht; sie bewahrt auch noch ein kränkendes Erlebnis an ihn auf, eine ungerechte und übertriebene Bestrafung; keinen Abschied hat es gegeben, sie muß sich gründlich im Stich gelassen fühlen von ihm. Und doch: Etwas hat sie gehalten, die mehr als fünfzig Jahre „Weiter-leben" hindurch.

Mein Vater ist mir nicht entrissen worden, hat mich nicht im Stich gelassen, doch: in der einen oder anderen Situation hätte ich ihm einmal „Arbeit" sein müssen, ungeteilter Aufmerksamkeit wert. Viel später erst habe ich begreifen können, daß ich ihm mindestens zwei Lektionen verdanke, eine starkmachende – und eine kränkende, die fatal hätte sein können.

Um mit der letzteren anzufangen: In der Vater-Welt war ich nicht wirklich vorhanden. Während meiner ganzen Kindheit und Jugend hing an seiner Tür – für mein Bewußtsein – ein Schild: „Vater. Lieb, aber bitte nicht stören."

Die zweite Lektion bestand in seiner – ging es nicht um „Arbeit" – eher leichtlebigen Einstellung, die von Tragischem so wenig wissen wollte wie von trüber Laune und Selbstmitleid. „Vater" – das war eben auch der Mensch von einem anderen Stern, von der Erde aus betrachtet, auf der mich meine Mutter das Los der Frauen sehen gelehrt hatte als ein beklagenswertes. Sie war übrigens Tochter eines übermächtigen, gefürchteten, geliebten Vaters, lebenslänglich.

Die positive Lektion wuchs gleichsam aus der fatalen heraus: Also muß ich selbst dafür sorgen, daß mein Los kein beklagenswertes ist – und daß ich vorhanden bin, denn die Vater-Welt ist nicht die einzige, die zählt. Es gibt noch andere Welten.

Dieses Buch muß nicht für sich allein einstehen. Es setzt voraus und bezieht mit ein alle die Arbeiten von Autorinnen – und einigen wenigen Autoren –, die Antworten dazu beigetragen haben auf meine Tochter-Frage, was das denn sei: Vater. Ich nenne die mir wichtigen im Anhang; ihren weitgespannten und tiefgehenden erlebnis-orientierten Berichten, ihren soziologischen und psychoanalytischen Aufarbeitungen, Zusammenstellungen, Überblicken und Analysen verdanke ich, daß ich mich dem zuwenden darf, was mich vordringlich interessiert: nämlich Antworten auf meine Frage zu suchen in literarischen Texten. In ihnen wird nicht wissenschaftlich verallgemeinert, nicht distanziert und scheinbar ohne Werturteile vom Einzelfall abgesehen; in ihnen nehmen jeweils ein individueller einzelner Vater, eine individuelle einzelne Tochter lebendige Gestalt an. Sie sind subjektiv beurteilt, parteiisch dargestellt von Autorinnen, die ebenso wie ich nicht gewillt sind oder nicht imstande, davon abzusehen, daß es immer auch ihre Geschichte ist, die sie erzählen; sie sind gelegentlich dargestellt auch von Autoren, die manchmal Väter sind, also Betroffene; manchmal aber auch nicht. Dabei huldige ich der Überzeugung, die wiederum Goethe auf den Begriff gebracht hat – um noch einmal der Vaterfigur die Ehre zu geben, hier, weil sie vorausschauend damit mehr geübt hat als nur Wissenschaftskritik:

„Das Höchste wäre, zu begreifen, daß alles Faktische schon Theorie ist. Die Bläue des Himmels offenbart uns das Grundgesetz der Chromatik. Man suche nur nichts hinter den Phänomenen; sie selbst sind die Lehre."

Deshalb suche ich die Darstellung nuancenreicher Details, die sich genauer Beobachtung verdanken, vorurteilsloser Selbstbeobachtung, keine summarischen Behauptungen, sondern die getreu registrierte kleine Geste, den entlarvenden Vergleich, die Empfindung in ihrem Widerspiel mit der äußeren Situation – „Phänomene", die Väter und Töchter kenntlich werden lassen.

Ich suche nicht nur in Texten der Gegenwart, sondern auch in älteren, bekannteren sowie unbeachtet gebliebenen. In denen sind aufgehoben die Gefühle und Verhaltensweisen vergangener Zeiten, vergangene Formen des Umgangs, vergangene Sichtweisen, – und bei genauerer Betrachtung des Details wird sich oft genug erweisen, daß sie so vergangen gar nicht sind, daß Züge des Gegenwärtigen erkennbar werden als Wiederkehr, oder als Absage an die Antworten früherer Autorinnen und Autoren auf die Tochter-Frage: Vater – was ist das? Und Tochter – was ist das? Und welches Erbe trage ich in mir?

Wie mit einem Spiegel wirft mir jede Autorin in ihrem Vater-Bild auch ein Fragment von dem meinen zu – und in ihrem Tochter-Bild ein Stück von mir.

# Vaterbilder – Mutterbilder

Lange Zeit war es von allen Familienbeziehungen bekanntlich die sprichwörtlich konfliktreiche, von Nachfolgewünschen, Rivalitäten und Rebellion geprägte Beziehung von Vätern und Söhnen, die literarisch im Mittelpunkt stand; im Vordergrund der um sehr vieles später erst auf sie folgenden Töchter-Bücher standen zunächst die Beziehungen zu den Müttern. Auch in meinem vorangegangenen Buch „Und ich soll immer alles verstehen. Auf den Spuren von Müttern und Töchtern" (Herder/Spektrum 4214) habe ich es so gehalten. Aber ich hatte die Leerstelle als solche markiert: „Und die Väter? Haben alle diese Töchter nur Mütter, haben sie nicht auch Väter? O ja, alle diese Töchter haben auch Väter, versteht sich, und deren Einfluß ist so groß, daß er einer eigenen Betrachtung bedarf – und hier nicht gleichsam nebenbei ‚miterledigt' werden kann ... Überlebensgroß wirft auch der abwesende Vater, oft: gerade er, seinen Schatten auf Mutter und Tochter; er bewegt ihre Phantasie, ihre Vorstellungen, zum Guten und zum Bösen."

Inzwischen ist das Verhältnis zum Vater auch und gerade in den Büchern der Töchter erkannt als ebenfalls grundlegend für Züge ihres Selbst- und Weltverständnisses, und auch ich will, was ich im vorangegangenen Buch ausgespart habe, hier zu seinem Recht kommen lassen. So manches Mal sind es dieselben Autorinnen oder gar dieselben Bücher, nur dieses Mal befragt mit der Aufmerksamkeitsrichtung auf den Vater. Lou Andreas-Salomé, Virginia Woolf, Nathalie Sarraute, Sylvia Plath, Christa Wolf, Gabriele Wohmann – sie haben nicht nur Mütter erinnert und entworfen, sondern auch Väter, und die Unterschiede sind bemerkenswert.

Es wäre unsinnig, alle Töchter-Väter-Bücher über einen Leisten schlagen zu wollen, um sie den über einen Leisten geschlagenen Töchter-Mütter-Büchern entgegensetzen zu können. Trotzdem. Wenn ich – bevor ich mich auf einzelne Darstellungen einlasse – einmal mehrere Schritte zurücktrete von meinen Leseerfahrungen und meinen Lebenserfahrungen und einen Vergleich anziele, so scheinen mir einige Beobachtungen anhand der dargestellten Situation im Einzeltext über diese hinauszuweisen:

Ein überaus typischer Titel lautet: „Daddy, we hardly knew you", von Germaine Greer, auf deutsch wörtlich: „Daddy, wir haben dich kaum gekannt", erschienen unter dem Titel „Daddy. Die Geschichte eines Fremden". In das Buch ist, wie in fast alle Bücher, die mich hier interessieren – seien sie ausdrücklich autobiographisch oder nicht –, ein verbales Foto eingelegt:

„Es gab ein Kinderfoto von mir in einem durchgeknöpften Mantel mit Samtkragen – Prince-Edward-Mantel hieß das bei uns – auf dem festen Sand am Elwood Beach (in Australien). Ich lache mit zusammengekniffenen Augen zu jemandem hoch, der viel größer ist als ich. Meine Mutter lacht immer darüber, weil Daddy mir den Mantel falsch zugeknöpft hatte, was mir aber nie auffiel, als das Foto noch existierte ... Ich sah auf diesem Foto immer nur die helle Freude in dem Kindergesicht ... Der Mensch, zu dem ich hochlache, dessen Schatten auf den welligen Sand am Rand der Port Philip Bay fällt, fast bis zu den runden Spitzen meiner kleinen Lackschuhe, ist Daddy. Daddy muß mich auf einen Spaziergang mitgenommen haben, nur mich und seinen Fotoapparat."

Nach seinem Tod hat die Autorin in detektivischer Sucharbeit, die sie über mehrere Kontinente trieb und viele Jahre lang in Atem hielt, schließlich herausgefunden: Er war ein Hochstapler. Ein begabter Lügner, der verstanden hatte, Verletzungen und Armseligkeit zu überspielen und seine Vergangenheit vollständig verschwinden zu lassen. Nie von Gleich zu Gleich, nie die Blicke auf einer Ebene, sondern immer nur wie auf diesem Kinderfoto hat sich der Vater anblicken lassen, – er brauchte Aufblicke, von unten hoch zu ihm. Aber ihm auf alle seine Schliche gekommen zu sein, war dann gar nicht das, was sie sich von dieser besessenen Suche erhofft hatte. Was sie wirklich gewollt hatte, konnte sie nicht mehr erreichen: Daß er sie als Erwachsene wahrnahm und anerkannte in dem, was sie aus sich gemacht hatte.

In dem Buch von Greer sind einige Motive typisch für Töchterbücher, die sich dem Vater widmen. Zum Beispiel dieses: „Solange Daddy lebte, durften wir nichts wissen." Die Suche nach dem realen Vater hinter der Vater-Maske kann erst nach seinem Tode stattfinden; er selbst war mit der Maske allzu identifiziert, als daß er je bereit gewesen wäre, etwa zu seinen Lebzeiten und vielleicht sogar selbstkritisch, auf die Reise nach innen zu gehen. Das hätte ja, so viel zumindest muß er dunkel geahnt haben, Gesichtsverlust bedeutet, und den ertrug der alte Mann noch weniger, als ihn der jüngere ertragen hätte. Das ist das eine. Das andere: Trotz allem, was die Erzählerin an Haarsträubendem über seine militärische Vergangenheit und seine abgründige Verlogenheit herausfindet, – eine herabsetzende Wendung vergleichbarer Verächtlichkeit wie eine solche: „das wutschnaubende Biest in der Küche", „mit Schaum vor dem Mund", verwendet sie für den Vater nicht. Wohl aber für die Mutter. Deren Seelenleben versieht die recherchierende Tochter mit dem Etikett „wütende Frustrierung" und läßt es im übrigen auf sich beruhen. Dagegen: „Bei allem Bemühen, bei aller Loyalität, ich kann aus diesem Mann keinen Helden machen." Lesen wir genau: Die Erzählerin bemüht sich, sie ist loyal, sie hätte so gern einen Helden. Nichts davon läßt sie der Mutter angedeihen. Schon der Vater hatte zu seinen Lebzeiten jede konflikthafte Auseinandersetzung durch seine Maskenspiele verhindert – andere Väter bedienen sich anderer wirksamer Abwehrstrategien, zu denen in der Neuzeit beispielsweise auch der Gestus offener Liebenswürdigkeit gehören kann –, aber auch Greer selbst tut sich wie viele Töchter in Literatur und Leben ungemein schwer bei der Auseinandersetzung mit dem Vater; alle mildernden Umstände werden in Betracht gezogen, er ist jeder Anstrengung, jeder Frage wert. Die Mütter-Schelte jedoch geht diesen Töchtern zumeist ohne Stocken von der Hand und über die Lippen, ohne Zeichen der Selbstüberwindung und durchaus schon zu Lebzeiten der Mütter.

Die Texte, die ich gelesen habe, legen den Schluß nahe: Die seelische Energie der Töchter auch als Autorinnen reicht offensichtlich jeweils nur für die Bemühung um *ein* Elternteil. aus. „Ein Kind ist klüger, wenn es seinen Vater kennt", schreibt Greer, – und eine Tochter, die diese Ansicht vertritt, verspricht sich in der Regel keinen Zuwachs an Klugheit durch Kennenlernen der Mutter. Sie meint ohnehin längst alles über sie zu wissen, ist längst mit ihr fertig. –

„Wir denken zurück durch unsere Mütter", schreibt dagegen Virginia Woolf, und in ihrer Schreib-Arbeit spürt sie beispielsweise der Muttergestalt Mrs. Ramsay behutsam anteilnehmend und verehrungsvoll nach und kann damit kaum an ein Ende kommen, während die Vaterfigur Mr. Ramsay, wie noch im einzelnen zu zeigen sein wird, schon auf der ersten Seite des Romans „Zum Leuchtturm" klar umrissen im Familienraume steht – und das bedeutet bei dieser Autorin keine Auszeichnung.

Die Liste ist leicht zu verlängern: Es ist entweder die Beziehung zum Vater oder die zur Mutter, der die von mir betrachteten Autorinnen nach-denken, die ihnen Schreibanlaß, Schreibimpuls, Schreibzwang wird. Das bedeutet nicht, daß ihnen der im Vordergrund stehende Elternteil etwa auch der sympathischere sei. Oft ganz im Gegenteil. Aber in jedem Falle gilt: Es gibt mehr über ihn zu grübeln, zu fragen, abzulehnen, zu staunen, zu wüten, zu trauern. Da sind mehr Berührungspunkte, zu denen besonders auch die Punkte gehören, die wund sind. So trat bei Nathalie Sarraute in ihren erinnernden Aufzeichnungen der Vater für sie erst in den Vordergrund ihrer Wahrnehmungen, als sie sich über den Verlust der Mutter und ihren Verrat nicht mehr hinwegtäuschen konnte.

Und Christa Wolf setzt in den Anfangspassagen ihres Romans „Kindheitsmuster" ein bezeichnendes Signal: Die Erzählerin, erschöpft von der Erinnerungs-Arbeit, fällt in einen leichten Tagesschlaf und träumt, daß auf der ersten Seite ihres Manuskriptes „in großen Buchstaben nur das Wort ‚Mutter' steht." Hier ist in der Tat die Mutter die „Portalfigur" zum Tor der Kindheit; die Erinnerungen an die Vater-Figur sind spärlicher, leichter zu fassen, längst nicht so ambivalent. Bei Gabriele Wohmann hingegen fördert der Vergleich ihres Textes „Ausflug mit der Mutter" mit ihrem „Vater-Portrait" leicht zutage, wo ihre Sympathien liegen, und das heißt bei dieser Autorin: wo ihre Phantasie *nicht* sprudelt.

Es ist kaum noch mit einem Blick zu übersehen, wie viele Töchter sich inzwischen auf solch eine Spurensuche begeben haben, obwohl kaum eine von ihnen einem derart raffinierten Gaukler- und Gaunervater hinterherforschen muß wie Germaine Greer. Sie suchen, nahezu immer erst nach dem Tod des Vaters, in ihrem eigenen Inneren, in verschütteten Erinnerungen, befragen den Vater in Gedanken, mit Hilfe von Dokumenten, mit Zeugen, durch Reisen an seine Orte, – um ihn ausfindig zu machen, diesen hochbedeutsamen, manchmal gefürchteten und fast immer früh geliebten Fremden. Sie wollen ihn endlich kennenlernen, ihm doch noch nahekommen, ihn verstehen, sich – um mit Ingeborg Bachmann zu sprechen – den Abschied erwerben.

Barbara Bronnen beschreibt die kleine Tochter Katharina, die den Frauen der Familie nicht folgt und den Schriftsteller-Vater in seiner zu heiligenden Einsamkeit aufstört, und auch sie hat keine andere Zielbeschreibung für den wilden Drang des Kindes als dieses „auf der Suche nach dem Vater": „So war es ein Leben lang geblieben, bis er starb: daß sie ihm nachlief und nachschrieb und die Spur nicht fand, die zu seinem Zimmer führte. Und ihr Vater, der war anderswo und hatte sein Gesicht mit einem Tuch bedeckt."

Die tiefenpsychologischen, soziologischen und anderen Untersuchungen sind den Reisen der Schriftstellerinnen auf der Suche nach dem Vater nachgefolgt, mit wiederum solch einem typischen Titel wie: „Sagt uns, wo die Väter sind. Von der Arbeitssucht und Fahnenflucht des zweiten Elternteils", wie Cheryl Benard und Edit Schlaffer ihre Studie aus dem Jahr 1991 nennen. Dort findet sich eine der niederschmetterndsten Antworten auf meine Frage, was ein Vater sei: „Patriarchen sehen in ihren Kindern gerne ein Stück Unsterblichkeit, aber der Vater lebt in vielen Kindern bloß fort als eine Sehnsucht, als ein Bedauern, als ein grauer Koloß, der den Schatten seiner Selbstverweigerung über ihre eigene spätere Liebesfähigkeit wirft."

Wieder und wieder arbeitet sich die Tochter an der väterlichen Unzugänglichkeit ab. Bei Elisabeth Plessen heißt es: „Verdammtnocheins, C. A., ich pfeife auf deine Autorität, ich will endlich ein Verhältnis zu dir", und: „Niemandstochter. Auf der Suche nach dem Vater" bei Sibylle Plogstedt. Dagegen etwa „Auf der Suche nach der Mutter", oder „Mami, wir haben dich kaum gekannt. Die Geschichte einer Fremden" – das scheinen mir zwar Titel zu sein, die es geben sollte und die es vermutlich bald geben wird, bislang aber sind Fremdheit und Unerreichbarkeit der Mutter in der Regel kein Thema gewesen. Im Gegenteil: So bitterlich viele Töchter über Verlust, Undeutlichkeit, Uneindeutigkeit von Vätern klagen, so überdrüssig scheinen dieselben Töchter der Überdeutlichkeit, Eindeutigkeit der Mütter zu sein. Allzu interessiert (aufdringlich neugierig sich einmischend), allzu anwesend, allzu bekannt, allzu nah, das sind Leitmotive vieler töchterlicher Feststellungen über Mütter in Literatur und Leben. Als ob der ersten Frau ihres Lebens für sie das Erregende abgehe, über das „Der erste Mann meines Lebens" (Buchtitel) solchen Veröffentlichungen zufolge verfüge. Kaum einen Satz habe ich in den unterschiedlichsten Untersuchungen öfter gefunden als den: „Sie glänzen durch Abwesenheit", die Väter. Wer hingegen zuverlässig anwesend ist, der scheint keiner verschwiegenen Existenz-Anteile lockend verdächtig zu sein. Daß eine Autorin wie Virginia Woolf schon 1928 gerade da tiefer lotet, die „obskuren Lebensläufe" von Frauen der Aufmerksamkeit empfiehlt, zeigt, daß Modernität nicht eine Frage des Datums ist und alles Generalisieren nur durch gewaltsames Absehen vom Gegenbeispiel zustandekommt.

Denn: Sie glänzen auch durch Anwesenheit, die Väter. Sie sind omnipräsent und unübersehbar mächtig. „Wenn von Politik die Rede ist, stellt das Wort Vater sich von selber ein" – das gilt nicht nur für den Vater, von dem Eva Zeller ihre Erzählerin reden läßt, und in dem von ihr gemeinten Sinne. Wir denken auch zurück durch unsere Väter, und wir leben in Verhältnissen einer bisher noch ausschließlich von ihnen zu verantwortenden Wirtschaftsverfassung und Politik, in von ihnen begründeten und bisher noch weiterhin dominierten gesellschaftlichen Institutionen, Rechtssystemen, Werten und Normen. Vater: das ist auch ein Vertreter jener „symbolischen" Väter, denen wir nicht entgehen können.

Hartnäckig hält sich die Meinung, es gebe in der Literatur nichts Substantielles zu finden über das Verhältnis von Töchtern zu ihren Vätern, von Vätern zu ihren Töchtern, oder es habe zumindest nichts gegeben. Dagegen kann ich wiederum – wie im Hinblick auf die Literatur über Mütter und Töchter – meine Lese-Erfahrungen setzen. Es gibt keinen Sachverhalt, keine Dimension und keine Nuance gerade dieses historisch gewordenen Verhältnisses, die nicht von literarischen Darstellungen modellhaft ins Bild gesetzt werden, scharf und genau.

Einen der Eindrücke, den jede neue Leseerfahrung bekräftigt und der die Unterschiede zwischen Damals und Heute gelegentlich einzuebnen droht, besteht in der nicht totzukriegenden, unter die Haut gehenden sinnlichen Mitgegenwärtigkeit des Vaters in Situationen, die zu beschreiben die Töchter heute nur andere Wörter und Bilder brauchen als früher:

„Neben mir atmet mein Vater, wir sind im Hotel, heute ist sein Geburtstag, morgen ist meiner". So beginnt eine preisgekrönte

Kurzgeschichte aus dem Jahre 1992; bald darauf heißt es: „Manchmal glaube ich, er hat mich markiert, wie der Hund einen Baum".

„Der Vater beugt sich über die Stadt. Der Vater beugt sich über mich, sieht mein Fenster und die Wege, die ich gehe. In keine Seitenstraße kann ich mich flüchten, der Vater hat mich schon". So beginnt eine preisgekrönte Kurzgeschichte aus dem Jahre 1993.

Väter – das legen Tochter-Texte von heute nahe, werden immer noch als Macht erlebt, mit der die Tochter konfrontiert ist, in sich selbst, wie in seinem Haus, in seinen Hinterlassenschaften – in Formen der Gewalt, sanften und weniger sanften. Diesem Vater der Bemächtigung und seinen vielen Gestalten gilt meine lebhafteste Aufmerksamkeit, während auch ich auf der Suche nach dem Vater bin: dem Vater einer Wechselseitigkeit, die mehr wäre als Tochtertraum, Väterlichkeit ohne Patriarchat.

Aber die Töchter haben an Spielraum der Reaktionen dazugewonnen in einem Ausmaß, von dem sie sich nichts träumen ließ, jene Tochter vom Anfang des 20. Jahrhunderts, die sich als „Vaters Kind" vorfand, – oder auch jene Tochter dreihundert Jahre davor. Dabei war sie hochgeboren. Ihr Vater war Fürst und bestimmte sie zur Nonne, damit dem Erstgeborenen das Vermögen erhalten bleibe. Wir werden beiden im folgenden wieder begegnen.

Ehe Marie Luise Kaschnitz in einem Gedicht konkret anschaulich Vaterbilder vor uns hinstellt, läßt sie erst einmal die Stimme „der Mutter" hören, wie sie durch die Jahrhunderte hin Hintergrund und Voraussetzung dafür war, daß sich Vaterbilder komplementär dazu ausprägen und in den Vordergrund schieben konnten.

*Die Mutter spricht*

Komm, sagt die Mutter, zur Welt, Kind.
Ich will Dich nähren.
Wozu wir auf dieser Welt sind,
Kann ich Dir nicht erklären.
Das sagt Dir der Vater morgen

Oder irgendwann.
Ich habe zu tun und zu sorgen,
Mich geht's nichts an.

Ich will, daß Du immer satt hast
Und kein Regen auf Dich fällt
Und Du eine bleibende Statt hast
Hier in der Welt.
Und daß Du das Schmutzige meidest
Und den rechten Freund Dir erwählst
Und daß Du nicht krank wirst und leidest
Und mir immer alles erzählst.

Ich will Dich nicht gar so mutig
Und auch nicht besonders schön,
Weil die allzu Kühnen und Schönen
So oft zugrunde gehen.
Ja, am liebsten behielt ich Dich immer
Klein und bei mir.
Ich heizte Dir das Zimmer
Und ließe Dich nicht vor die Tür.

Denn draußen ist sehr viel Böses,
Weiß nicht, wo das Gute blieb.
Komm auf die Welt, Kind,
Sieh selbst, Kind.
Vergiß nicht, wir haben Dich lieb.

Auf mich wirkt diese liebe Stimme irritierend. Ich ärgere mich über die Dichterin, die es doch weiß Gott besser wissen müßte. Diese – offenbar idealtypisch gemeinte – Mutterstimme spricht aus einer Frau, die es nicht einmal zum Bild gebracht hat; wir können sie nicht ansehen, denn sie besteht nur aus der Beziehung zu dem Kind, offenbar kurz vor der Geburt. Keine Beziehung zur Welt hat diese Mutter – und will sie haben – außer ihrer Fürsorge für das Kind. Das soll alles sein, was die Mutter spricht? Wie kommt Kaschnitz dazu, der Mutter nichts zuzuweisen als einengende Besorgtheit und das „Drinnen"; weshalb ist für sie „Mutter" eine Frau, die alle interessanten Erklärungen und alle eigenen Tätigkeiten „draußen" dem Vater überläßt? Es ist wahr: Wärmend ist es schon, wenn diese Mutter das Zimmer heizt, aber erstickend zugleich, wenn sie aus lauter Ängstlichkeit ihr Kind kleinhalten möchte. Wie kann Kaschnitz in den achtziger Jahren dies als charakteristisch für die Stimme der Mutter ausgeben? Ich lese, daß das Gedicht im wesentlichen in den dreißiger Jahren entstanden ist. Aber selbst zu der Zeit sprach „die Mutter" doch schon mehr und anderes.

Nach der werbenden Mutterstimme in ihrer liebenden Beschränktheit nun der Vater.

*Der Vater*

Hier ein Vater riecht nach Stall,
Spannt die Pferde vor den Wagen,
Rasche Pferde, starke Pferde.
Deren Hufe Funken schlagen.
Kind sitzt auf dem Bock und sieht
Lange Schwänze, breite Kruppen,
Schlänglein an der Gerte zucken,
Vaters Leib zurückgebogen,
Scharfe Zügel angezogen –
Starker Vater.

Dort ein Vater pflanzt und sät
Grade Reihen, schöne Reihen,
Läßt die Wasserstrahlen speien
Zum Gelingen, zum Gedeihen.
Läßt im Topf den Keim sich regen,
Erntet siebenfachen Segen.
Kind steht bei ihm, sät mit Samen,
Kressesamen seinen Namen –
Kluger Vater.

Hier ein Vater sitzt und schreibt
Einmal zögernd, einmal kräftig,
Kind weiß niemals, was er treibt
Und womit er so beschäftigt.
Darf nicht toben, muß auf Zehen-
Spitzen durch die Stube gehen,
Sieht ihn nachts ums Bettchen streifen
Und mit Augen, überreifen,
Voller Sehnsucht nach ihm greifen –
Armer Vater.

Jeder Vater hat sein Reich.
Kommt ein Tag, sind alle gleich.
Alle fremd und ungeduldig,
Alle Kinder schlecht und schuldig.
Deine Arbeit ist zum Weinen,
Deine Hände sind nicht rein,
Hart war meine Jugend, Deine
Soll nicht lauter Honig sein –
Böser Vater.

...

Die Gedichte entstammen einem Zyklus, den Kaschnitz „Gesang vom Menschenleben" überschrieben hat, und nach den Strophen „Zeugung" und „Im Mutterleib" sowie „Geburt" folgen dann diese zwei Gedichte. Ein Nacheinander wird scheinbar aufgebaut: Die Stimme der Mutter spricht zum ungeborenen oder auch neugeborenen Kind, und danach erlebt das größer gewordene Kind die unterschiedlichen Gesichter des Mannes, der „sein Reich" hat und unter dessen Tätigkeiten die des Vaters eine unter anderen darstellt. Genauer betrachtet, schlägt das zeitliche Nacheinander in diesem Gedicht jedoch ganz leicht um in eine Polarisierung von mütterlichen Werten und väterlichen. Der archaisierende Titel suggeriert: So höre es sich nun einmal an, wenn man vom „Menschenleben" singe. Selbst wenn es der Autorin nur um ein

Spiel mit alten epischen Formen ginge, gleichsam deren Schrumpfform, so legt doch die inhaltliche Pointierung der beiden Gedichte das Mißverständnis zumindest nahe, so verhielten sich Vater und Mutter im Hinblick auf das Kind, es *müsse* so zugehen, es sei eine Sache „natürlicher" Entwicklung wie die Abfolge von „Im Mutterleib" und „Geburt" und so ehrwürdig wie die alten epischen Gesänge. Bei dieser Lesart geriete wieder einmal in Vergessenheit, daß es eine Sache des historisch gewordenen, gesellschaftlichen „Arrangements der Geschlechter" ist, was Kaschnitz hier von Mutter und Vater zu singen und zu sagen weiß.

Die Autorin hat stilisierend einem „Gesang" entsprechend, bewußt von all den konkreten Details abgesehen, mit denen sie den einen Vater, die eine Mutter in der lebendigen Vielfalt ihrer Kurzgeschichten ausgestattet hat. Es tut im übrigen gut, sich hin und wieder die Tatsache vor Augen zu führen, daß Dichtung weder ein Reservoir von Fallgeschichten ist, noch Punkt für Punkt der jeweiligen Lebensgeschichte entspricht; – im Gegenteil, Dichtung korrigiert sie oft, wie noch zu zeigen sein wird, und dient in diesem Sinne dann auch der Verarbeitung eigener Lebensgeschichte: Der Kontrast der „Mutter" des Gedichts zur Mutter der Autorin beispielsweise ist so frappierend, daß er zumindest angedeutet zu werden verdient.

Ihre Mutter war eine ihren künstlerischen Neigungen lebende wohlhabende Dame „von Stande", die ihre vier Kinder, wie das in ihren Kreisen üblich war, mit dem besten Gewissen von der Welt sogleich nach der Geburt dem Kinderfräulein überließ und sich dem Klavierspielen und dem Gesang widmete; abends ging sie elegant und schön mit dem eleganten Vater in Gesellschaften. Zwischen dem Leben von Marie Luise Kaschnitz als Tochter und den Vater-Strophen im „Gesang von Menschenleben" bestand immerhin eine Beziehung: Ihr leiblicher Vater war für sie ungleich attraktiver als die Mutter. Doch was hinter diesem Gedicht steht und sich in ihm noch einmal zu Wort meldet, ist das in unserer Kultur tradierte Modell der Rollenzuweisung an Vater und Mutter, die verbunden ist mit der gesellschaftlichen Polarisierung der Geschlechter.

Bevor die Vater-Rollen im Kaschnitz-„Gesang" genauer betrachtet werden, soll es noch einmal gesagt sein, was gar nicht deutlich genug gemacht werden kann: Allen Wandlungen zum Trotz bezeichnet der Name „Vater" auch heute noch den Menschen, der typischerweise nicht den Beruf aufgibt, wenn er ein Kind hat oder mehrere; und der Name „ Mutter" bedeutet diejenige, die typischerweise – vorsichtig ausgedrückt: zumindest eher – in das Berufsleben erst gar nicht ernsthaft eintritt oder es aufgibt, wenn sie ein Kind hat oder mehrere. Und weil das in unserer Gesellschaft nach wie vor so üblich ist, daß es keiner gesonderten Rechtfertigung bedarf, werfen immer noch junge, begabte Frauen schon mitten in ihrer Ausbildung das Steuer herum in Richtung auf ein berufliches Gelände, das zwar nicht ihren Wünschen und Interessen entspricht, das aber, wie sie hoffen, weniger ihren Wünschen und Interessen als Mutter und den an sie gerichteten Erwartungen ihrer Familie widerspricht.

Es hat immer noch den Rang eines Modells, das wir nicht als Kaschnitz-Modell, aber etwa als Katja-Mann-Modell bezeichnen können, – um gleich sehr hochzugreifen bei der Wahl eines Beispiels unter zahllosen. Die begabte, als Mathematikerin qualifizierte Frau stellte nach der Eheschließung Intelligenz und Vermögen in den Dienst ihres ebenso genialen wie hochneurotischen Mannes und lieferte einen wesentlichen Beitrag dazu, daß er sein Werk in der ihm bekömmlichen Ruhe hervorbringen konnte, trotz Emigration und unbeeinträchtigt durch die Tatsache, daß er auch noch Vater von sechs Kindern war, – von denen das älteste, Tochter Erika, von ihm frühzeitig als bevorzugte Gehilfin an seinem Werk herangezogen wurde. Von einem Rollenkonflikt zwischen Vater und Schriftsteller Thomas Mann ist nichts überliefert.

Noch einmal: So antiquiert die Aufteilung der Bereiche von „Mutter" und „Vater" in dem Kaschnitz-Gedicht auch erscheinen mag, – in der Praxis ist sie noch längst nicht überholt. Selbst die berufstätige, die ihrerseits kommende und gehende Mutter sprengt das überlieferte „Arrangement der Geschlechter" mit bezeichnend anderen Auswirkungen auf sie selbst, als es der tröstende, pflegende, einkaufende, das Baby um den Leib geschlungen tragende und verläßlich anwesende Vater tut. Denn sie ist es, die unter verstärktem Rechtfertigungs- und Erfolgszwang zu stehen glaubt – und also steht, während ihm eine Kolumne in einer Zeitschrift sicher ist, mit nachfolgender Buch-Publikation, über seine Entdeckungen in der immer noch spektakulären Rolle des Hausmannes. Wenn das Kind der berufstätigen Mutter in auffälligere Schwierigkeiten gerät als in die, die ohnehin jedes Aufwachsen begleiten, so stellen sich die habituellen Schuldgefühle sensibler Eltern bei ihr mit viel größerer Bedrohlichkeit für sie selbst ein als bei denen, in deren Familiensystem die bewährte Arbeitsteilung der „drinnen" tätigen Frau und des „draußen" tätigen Mannes konserviert worden ist.

Das Buch von Barbara Bronnen „Die Tochter" illustriert diesen Erfolgsdruck, der auf der allein erziehenden berufstätigen Frau lastet, exemplarisch. Gerade die eigene Mutter der Frau, die doch zu jeder Hilfeleistung willig bereit ist, scheint immer wie auf dem Sprunge zu stehen und Indizien dafür ausfindig zu machen – triumphierend und mitfühlend zugleich –, daß das Kind eben doch „zu kurz" komme und die berufstätige Frau eben doch zu sehr strapaziert werde.

Peter Handkes „Kindergeschichte" hingegen stellt den Schriftsteller als alleinerziehenden Vater dar, und seine Stilisierungs- und Abstraktions-Eigenheiten können nicht verhindern, daß seine Selbstzufriedenheit offenbar wird.

Bei aller Reflektiertheit ist ihm eine gewichtige Tatsache keinen Satz wert: daß ihm nämlich von vorneherein Anerkennung sicher ist, gerührte, lächelnde Anerkennung, gerade von Frauen, denen es in den Händen zuckt, ihm beizuspringen, wenn sie ihn mit dem Kind umgehen sehen. Schließlich wird er mit einer Situation fertig, die allgemein – insgeheim auch von ihm selbst – immer noch als eigentlich „unerhört" eingestuft wird. Wenn da mal etwas schiefgeht, ist das mehr als verständlich und verzeihlich, weil dem liebenswürdigen Ungeschick eines zuzuschreiben, dem im wahrsten Sinn des Wortes nicht an der Wiege gesungen worden ist, daß es einmal seine Hand seine könnte, die die Wiege bewegt. Selten wird in den Aufzeichnungen und Darstellungen alleinerziehender Mütter solch eine entlastende Überzeugung festgehalten wie die, die der Vater in Handkes „Kindergeschichte" notiert: „Und glaubte er von seinem Schutzbefohlenen nicht seit je: ‚Was für mich gut ist, ist auch gut für dich (und umgekehrt)'?" – Es handelt sich bei dem Schutzbefohlenen übrigens um eine Tochter.

Aber herausstellen möchte ich seine Verarbeitung der Tatsache, daß dem Erzähler eines bösen Tages die Nerven durchgehen und er die Vater-Rolle auf eine Weise ausfüllt, die von der Tradition immer schon vorgesehen war. Er liefert die mildernden Umstände gleich vorweg: „Der Entgeisterte hatte sich nicht mehr in der Gewalt, und die Angst machte ihn zusätzlich willenlos." Die Rede ist von einer Zeit, in der der Schriftsteller sich nur noch erlebt als „der auf das Haus Beschränkte und doch dort kaum zur Ruhe Kommende". In dieser, jeder Mutter überaus vertrauten, Verfassung treibt ihn noch zusätzlich eines Morgens eine Überflutung seines Neubaus, Folge der Regennacht, zur Verzweiflung: „Der Schlaftrunkene starrte auf das bräunliche Gewässer mit Mordgedanken". Mordgedanken gegen wen? Das teilt der Schriftsteller-Erzähler-Vater nicht mit. Von oben im Haus erklingt jetzt die hilfefordernde Stimme der kleinen Tochter, einmal, nochmals, sodann in Katastrophen-Ton, und nun wird noch einmal etwas vorausgeschickt, um die nachfolgende Mitteilung zu entschärfen: „Da verlor der knietief in dem Naß stehende Erwachsene die Besinnung ...". So vorbereitet, ist die Schuld eigentlich schon entschuldigt, bevor er sie auf sich lädt: „Da verlor der knietief in dem Naß stehende Erwachsene die Besinnung, stürmte hinauf gleich einem Totschläger und schlug das Kind mit aller Gewalt, so wie er wohl noch nie einen Menschen geschlagen hatte, in das Gesicht." Das Kind ist drei Jahre alt. Die Zerknirschung des Vaters folgt seiner Tat zwar im gleichen Moment, aber er ist davon überzeugt: auch die Verzeihung des Kindes erfolgt auf sein entschuldigendes Gestammel sogleich. So gibt er das Geschehen wieder: „und dann zeigt sich, an der ruhig weinenden Gestalt ... kurz ein klares, strahlendes Augenpaar, gleichsam erhöht über dem Umweltdunst, und selten hat es für einen elenden Sterblichen einen flammenderen Trost gegeben ... Man versteht also den Erwachsenen und erbarmt sich seiner: mit solcher Aufmerksamkeit tritt das Kind erstmals in seiner Geschichte als jemand Handelnder auf."

Das ist für mich ein ungeheuerlicher Satz. Er gliedert die Tochter ein in die unabsehbare Reihe weiblicher Verzeihender – „Das ewig Weibliche zieht uns hinan" –, und weist ihr diese „Handlung" zu: Den Mann Verstehen, sich seiner Erbarmen; in diesen einzig auf ihn bezogenen Rücksichtnahmen sieht er ihren Eintritt in ihre Geschichte. Sie versteht ihn, meint er. Aber was versteht sie? Handke hat einmal für einen seiner Texte einen schönen Titel gefunden: „Die Stunde der wahren Empfindung". Hier wäre er nicht angebracht, denn das Kind brauchte erst einmal Zeit und Ruhe, um überhaupt seiner wahren Empfindung innezuwerden. Es wird gleich zweimal von der väterlichen Heftigkeit überwältigt: zuerst vom Schlag und dann von dem Versuch, ihn ungeschehen zu machen. Was ist eigentlich aus der Not der Tochter geworden, um deretwillen sie doch rufend „Katastrophe" signalisiert hatte? Alles unwichtig. Wichtig sind die Gefühle des Vaters – und das versteht auch schon eine dreijährige Frau leicht: Ihr Part in diesem Spiel ist das Stillhalten.

Sein Part ist das Handeln. Der Vater schlägt, mit Körperkraft, ins Gesicht, der Vater drückt seine Verzweiflung aus, und der Vater interpretiert.

Wir befinden uns mit diesen Beobachtungen schon mitten in der Fakten- und Mentalitäts-Geschichte von Vätern, zu der Handke hier mit seiner „Vatergeschichte" noch einen verspäteten Beitrag nachgeliefert hat unter dem irreführenden Titel „Kindergeschichte". Als ob er nicht wüßte, wie oft diese Geschichte schon geschrieben worden ist in den vergangenen Jahrhunderten, zu einer Zeit, als Väter in dem Sinne des Wortes „Alleinerziehende" waren, daß allein ihnen das Bestimmungs-Recht über die Tochter zustand.

Der Schriftsteller-Vater vergleicht dann noch, zur vollkommenen Verharmlosung des Geschehens, das tränennasse Aufstrahlen der Augen seiner Tochter in seinem „Lakonismus" mit einer Geste aus ihm vertrauteren Terrain: nämlich dem „Weiterspielen"-Zeichen des erfahrenen Schiedsrichters. Dieser Vergleich sollte gewiß entlastend komisch wirken. Statt dessen ist er auf eine Weise schief, die zeigt, wie wenig aufmerksam der Erzähler bei der Sache ist, sobald sie Einfühlung in die Gegenseite verlangt, hier: in die Tochter. Dem Autor wird sonst Genauigkeit gerade in den sachlichen Details nachgerühmt, und ihm muß nicht gesagt werden, daß ein Schiedsrichter, erfahren oder nicht, nirgendwo auf der Welt das „Weiterspielen"-Zeichen macht, wenn ein Spieler gewagt haben sollte, *ihm* ins Gesicht zu schlagen: Rote Karte, Platzverweis, Spielersperre, Strafantrag – eine Lawine von Konsequenzen hat es, wenn ein Mann einen Mann schlägt, in einem Spiel, das Regeln hat. Aber hier sind keine Regeln – nur jahrhundertealte Traditionen, hier sind keine Zeugen, und es handelt sich bloß um ein kleines Mädchen, das dem Mann gehört. Der Erzähler merkt das alles aber nicht, auch dem Schriftsteller ist die Fehlleistung entgangen, aus der er doch viel über sich selbst hätte erfahren können. Viel lieber läßt er den Vater betonen, wie oft er darüber reden mußte, um seinen Schrecken ganz loszuwerden, wobei er wieder vergißt, uns mitzuteilen, wie oft und zu wem das Kind darüber reden durfte, um den seinen loszuwerden. Er weiß die Szenenbeschreibung abzurunden, indem er diesen Tag zu den geglückten Tagen zählt, und die Tochter hat dazu beitragen dürfen: „Und doch schwingt jener Tag im Gedächtnis als einer der Ausnahmstage, von denen einmal gesagt werden kann, daß das Gras grün war, die Sonne schien, der Regen fiel, die Wolken zogen, die Dämmerung herabsank, und die Nacht still war, und wo das alles Beispiele für ein anderes menschliches Leben sind: in der Ahnung manchmal ein ewiges und mit Gewißheit das einzig richtige."

Das sind starke Worte für einen Tag, an dem ein Vater seine Dreijährige unsinnig schlug, weil er gerade Mordgelüste verspürte, und an dem sie anschließend gar keine andere Wahl hatte als nichts zu tun, so daß er sich wegen seiner Tat nicht schlecht zu fühlen brauchte.

Ich bin aufgebracht gegen diese gemessen und distanziert daherkommende Vater-Prosa wegen ihrer Pointe: In dieser Situation sei beispielhaft nicht nur „anderes menschliches Leben", sondern „mit Gewißheit das einzig richtige" zum Vor-Schein gebracht worden. Dabei ist es alles andere als ein „Ausnahmstag", weil es keine Ausnahme-Konstellation gewesen ist. In den vielen mir vorliegenden Geschichten aus der Vergangenheit haben kleine wie große Töchter selbst immer wieder geradezu ihre Aufgabe und ihr Glück darin gesehen, den Vätern dadurch wohlgefällig zu sein, daß sie ihnen Scham und Schuld, Gram und Trauer entweder ersparten oder möglichst rasch verscheuchten, selbst wenn die Väter, wie der Vater hier, gegen Gerechtigkeit und Würde, gegen Anstand und Rücksicht in ihrer Behandlung der Töchter verstoßen hatten. Auch in Töchter-Texten der Gegenwart ist etwas davon noch als Spurenelement wirksam, mitten in Anklagen und Abrechnungen. Die Väter haben es, ihrer Stärke und Übermacht unerachtet, sehr häufig gerade auch auf das Mitgefühl ihrer Töchter abgesehen („armer Vater"), mit Erfolg.

Bei Virginia Wolf werden wir einem von ihnen wiederbegegnen. Zurück zu den Gesichtern, die im Kaschnitz-Gedicht die Väter tragen, und zu ihren Rollen. Sind das alle wesentlichen Züge, die dem Kind einfallen, wenn es „Vater" denkt?: der sich die Pferdestärken zu eigen machende Mann; der gärtnernde Mann; der Rücksicht heischende Schreibtisch-Mann, den es nach der Nähe des Kindes offensichtlich nur verlangt, wenn es friedlich schläft, und dann sind am Vater „überreife" Augen zu bemerken, was auf ungelebte Wünsche hindeuten mag, – ausgerechnet dieser Vater erntet den Zuspruch des Kindes „armer Vater"; sowie der offensichtlich eher nörgelnde als hart strafende Vater. Mir scheint, diese Vater-Revue ist entschieden zu kurz geraten, selbst wenn sie nur aus kindlicher Perspektive dargestellt ist. Dennoch entpuppt sie sich als ein Tochter-Text: durch die warme Anteilnahme, durch das starke Bedürfnis, diese zuvor doch so autonom ihren Tätigkeiten nachgehenden Väter am Ende in Verständnis noch gleichsam einzuhüllen und sie – und damit auch sich selbst – zu trösten über ihre Sterblichkeit. Die bisher ausgelassene letzte Strophe ist eine Geste der Liebe.

„Wieviel später, wieviel später
Erst verstehen wir die Väter.
Keiner weiß, eh daß er stände
Auf dem Grat der Lebenswende,
Wohin Kinderscharen drängen
Aus dem Osten mit Gesängen
Unaufhaltsam, unaufhaltsam.
Wo bergab auf allen Wegen
Sonnenuntergang entgegen
Väter traurig still sich wenden,
Die Geräte in den Händen
Unaufhaltsam, unaufhaltsam –
Lieber Vater."

In diesen Zuteilungen: hier die Frau in der sie ganz ausfüllenden Mutter-Rolle selbstlosen Dienens, dort komplementär dazu mit ausgreifenden Tätigkeitsbereichen die Männer, zu denen die Kinder „Vater" sagen und zu denen sie aufsehen, – in diesen Zuteilungen ist etwas aufbewahrt von Jahrhunderten, die aus dem kollektiven Gedächtnis nie ganz verschwinden können; was „Patriarchat" eigentlich heißt, ist vielleicht am genauesten auszumachen an den Spuren, die es bis heute in den Töchter-Büchern hinterlassen hat. Wir begegnen dem Patriarchat mitsamt seinen Spätfolgen, wenn wir Antworten suchen auf die Frage: Was ist das – die Tochter eines Vaters? Und was ist Väterlichkeit?

Als eine der ersten hatte Simone de Beauvoir in ihrem Buch „Le Deuxième Sexe" aus dem Jahre 1949 – in Deutschland unter dem Titel „Das andere Geschlecht" 1951 erschienen –, also vor bald fünfzig Jahren, ebenfalls typisierend eine Bestandsaufnahme in kritischer Absicht vorgelegt. Weil sie unter all den einschlägigen Neuerscheinungen nahezu vergessen ist, hier einige Passagen von Beauvoir:

„Selbst wenn die Mutter tatsächlich im Haus herrscht, ist sie im allgemeinen geschickt genug, den Willen des Vaters herauszustellen. In wichtigen Augenblicken verlangt, belohnt oder bestraft sie in seinem Namen, durch ihn. Das Leben des Vaters ist von einem geheimnisvollen Prestige umwoben. Die Stunden, die er zu Hause verbringt, der Raum, in dem er arbeitet, die Gegenstände, die ihm umgeben, seine Beschäftigungen, seine Liebhabereien sind etwas Geheiligtes ...

Er ernährt die Familie, er ist für sie verantwortlich, er ist ihr Haupt. Gewöhnlich arbeitet er außerhalb des Hauses und vermittelt die Verbindung mit der übrigen Welt. Er ist die Verkörperung dieser abenteuerlichen, ungeheuren, schwierigen und dabei wunderbaren Welt. Er ist die Transzendenz, er ist Gott ... Das empfindet das Kind körperlich in der Kraft der Arme, die es hochheben, in der Kraft des Körpers, an den es sich anschmiegt. Durch ihn wird die Mutter entthront wie ehemals Isis durch Ra, die Erde durch die Sonne. Aber die Situation des Kindes ändert sich damit von Grund auf. Sie war dazu berufen, eines Tages eine Frau gleich ihrer allmächtigen Mutter zu werden – nie wird sie der Selbstherrscher Vater sein. Das Band, das sie an ihre Mutter knüpfte, war ein tätiges Nacheifern – vom Vater kann sie nur passiv eine Wertschätzung erwarten. Der Junge erfaßt die väterliche Überlegenheit auf dem Weg eines Gefühls der Rivalität. Das Mädchen dagegen erfährt sie in machtloser Bewunderung ... Wenn der Vater für seine Tochter Zärtlichkeit äußert, fühlt diese ihr Dasein herrlich gerechtfertigt."

Die letzte Behauptung bedarf in unserem Jahrzehnt des 20. Jahrhunderts eines eigenen Kapitels.

„Es kann sein, daß sie ihr ganzes Leben lang sehnsüchtig eine solche Fülle, einen solchen Frieden sucht ...

Ihre geschichtliche, ihre literarische Bildung ... sind eine Verherrlichung des Mannes. Männer haben Griechenland, das römische Weltreich, Frankreich und alle Nationen geschaffen, sie haben die Erde entdeckt und die Werkzeuge erfunden, sie auszubeuten, sie haben sie regiert, mit Statuen, Gemälden, Büchern bevölkert. Die Kinderliteratur, Mythologie, Märchen, Erzählungen spiegeln die Mythen wider, die vom Stolz und den Wünschen der Männer geschaffen wurden. Mit den Augen dieser Männer erforscht das kleine Mädchen die Welt und enträtselt in ihr sein Schicksal. Die männliche Überlegenheit ist erdrückend: Perseus, Herkules, David, Achilles, Lancelot ... Napoleon; wie viele Männer kommen auf eine Jungfrau von Orléans!"

Sie resumiert: „Gewöhnlich ist das Bild des Vaters wie in der wirklichen Welt des Ruhmes voll. Unter der Ägide des Vaters, der durch Abwesenheit glänzt, spielen sich die weiblichen Dramen der *Little Women* ab."– Schon hier: Er glänzt durch Abwesenheit. Und zugleich ist seine Übermacht so erdrückend, daß an Ungehorsam gar nicht zu denken ist.

„... Wenn das kleine Mädchen Zeitung liest, wenn es der Unterhaltung Erwachsener zuhört, stellt es fest, daß die Männer heute wie früher die Welt regieren. Staatsführer, Generäle, Forscher, Musiker, Maler, die sie bewundert, sind Männer. Männer lassen ihr Herz vor Begeisterung höher schlagen."

Mich ergreift Ungeduld bei dieser Arie, die Simone de Beauvoir die kleine Tochter singen läßt zu Ehren der „bevorrechteten Kaste", des Vaters als Mann. Es mag ja auf dem französischen Lande vor fünfzig Jahren und davor so ausgesehen haben, denke ich. Ich greife nach einem Buch der als Feministin geltenden Kanadierin Margaret Atwood, „Der lange Traum" (auf englisch „Surfacing", wörtlich: Wieder Auftauchen, – was ein präziser Titel wäre). Da wird es ja wohl anders aussehen als in dem Referat konservativer Zustände. Um es kurz zu machen: In diesem Roman aus dem Jahre 1978, der im heutigen Kanada spielt, begibt sich wieder einmal eine Tochter auf die Suche nach dem Vater. Der hatte lange allein gelebt auf einer Insel in einem weit abgelegenen See, wie ein Einsiedler, und eines Tages hatte die Tochter die Nachricht erhalten, daß er verschwunden sei. „Ist einfach verschwunden, hat sich in Nichts aufgelöst."

Zuerst mit ein paar Freunden, später allein, geht sie auf die Suche in die Wildnis, in dem sich das Blockhaus befindet, das einmal ihre Heimat war. Dort sind noch die Spuren der Mutter, des Vaters, ihre eigenen. Sie erinnert den Vater: als stark, eigenwillig bis zum Eigenbrötlerischen, über seine Bücher gebeugt, vertieft in seine Forschungen über die Ureinwohner Kanadas. Von ihm liegen da noch die Aufzeichnungen, die Skizzen. Er habe sich immer nur nach seinen eigenen Regeln gerichtet, seine eigenen Axiome hochgehalten, daran erinnert sie sich. – Von der Mutter erinnert sie am deutlichsten eine bezeichnende Geste: Wie sie geduldig neben dem Vogelhaus steht, mit ausgestreckter Hand, in deren Höhlung Vogelfutter aufgehäuft ist. Sie hatte Eichelhäher gezähmt. „Mutter konnte bei normalen Dingen nicht mitreden." Die Alben mit den Kinderfotos und Kinderzeichnungen hatte sie angelegt.

Mutterbild, Vaterbild – das Grundmuster ist unübersehbar zu erkennen auch in den Variationen dieser Autorin, die sich in ihren Romanen und Erzählungen als eigensinnig und experimentierfreudig ausgewiesen hat und hier ihrem Erbe auf die Spur kommen will. Die Suche nach dem Vater ist der Motor der Handlung im allgemeinen; was aber die Tochter bald nur noch bewegt, das sind Papiere, die ihr beim Kramen in die Hände fallen, nie früher gesehene, offenkundig vom Vater beschrieben oder vielmehr bekritzelt mit seltsamen Figuren, Teilen von Menschen, Teilen von Tieren, dazu Zahlen. Sein Vermächtnis verlockt sie gerade durch seine Kompliziertheit und Verworrenheit; für kurze Zeit findet sie große Befriedigung in dem Gedanken, er sei am Ende verrückt geworden, die von ihm hinterlassenen gezeichneten Linien und Zahlen könnten nur das Werk eines Verrückten sein.

Aber dann entdeckt sie eine seiner Mappen, die einen Zusammenhang stiften: „Vernunftatmende akademische Prosa, meine Hypothesen fielen zusammen wie ein Kartenhaus. Das war die Lösung, die Erklärung: er hatte schon immer alles erklärt."

Vater – das war auch der gewesen, der immer alles systematisiert hatte. Sein Gesicht kann sie sich nicht vorstellen. Statt seines Gesichts aber sieht sie die Fragenkarten, die er immer hochhielt, um mit ihnen die Kinder das Große Einmaleins abzufragen.

Beim Lesen erscheint mir ein Bild wie von Magritte: ein kopfloser Mann, über dessen Rumpf „3 × 9 = ?" schwebt.

„Er war nun so abwesend wie eine Zahl, eine Null, das Fragezeichen an der Stelle der fehlenden Antwort. Unbekannte Größe. Das war seine Art. Alles mußte gemessen werden." So wird ihr auch der Weg zum Entschlüsseln der rätselhaften Zeichen klar: „Die Zahlen bildeten ein *System,* es war ein Spiel, ich würde es mit ihm spielen, dadurch schien er mir weniger tot."

Der alte Zauber wirkt, die Herausforderung an ihre intellektuellen Kräfte muß sie annehmen. Sie ist seine Tochter, das heißt: Sie wird das System hinter seinen Zeichen herausfinden, den Code. Tief in den See hinein rudert sie mit der väterlichen Skizze als Wegweiser, bis hin zu der Stelle, wo sich unterirdische Felsen des Zentralplateaus so hoch schieben, daß sie beim Tauchen zugänglich werden. Sie taucht so lange, so tief, daß sie fast nicht mehr rechtzeitig an die Luft gelangt. Als müsse sie um ihr Leben tauchen, als müsse sie auch hier ein Spiel mit dem Vater spielen, um den Einsatz des Lebens, versucht sie es wieder, und da entdeckt sie – oder meint zu entdecken – flüchtige Umrisse, die seinen Kritzeleien ähneln, Felszeichnungen. Wiedergefunden hat sie den Vater nicht, weder als Lebenden noch als Toten, aber sie hat seine Schrift entziffert, indem sie seinen Anweisungen gefolgt ist. So ist sie immerhin an seinem Ort angekommen. Vermutlich. Ganz sicher kann sie nicht sein.

Das ist ein Geschehen von abgründiger Vieldeutigkeit; an einem jedoch läßt die Ich-Erzählerin keinen Zweifel: an der Schub- und Triebkraft, die von der Hinterlassenschaft des Vaters ausgeht, die in seinen Papieren steckt und sich ihr körperlich mitteilt. Sie reagiert, sie muß reagieren, sie kann von Glück sagen, daß sie wieder aufgetaucht ist. Ihr Liebhaber war es, der sie beim letzten Mal am endgültigen Untergehen gehindert hat. Es würde in der Geschichte zurück und in den Tod führen, wenn sich die Tochter den Wegzeichen des Vaters ganz anvertraute.

Nach allem diesen nimmt die Tochter von der Mutter zuletzt den Ruf auf, der von den liebevoll gehegten Kinder-Spuren ausgeht, die sie sich als Zeichen neuen Lebens deutet. Auch sie wird ein Kind haben. Das ist das Wegzeichen der Mutter, und das scheint ihr nicht zurück zu weisen, sondern voran.

Ein Unbehagen bleibt. Nach der Erledigung der Väter-Geschichte ein Aufbruch in die neue Mütterlichkeit? Die Darstellungsweise des Romans geht neue Wege, und doch, aller Unterschiede von literarischer Gattung und Form unerachtet: Margaret Atwood präsentiert hier „Menschenleben" immer noch oder wieder einmal als unversöhnlich zweigeteilt und polarisiert in erregende „Vaterwelt" hier und beruhigende „Mutterwelt" dort.

So sagt es der „Gesang vom Menschenleben" auch, nur mit ein wenig anderen Worten.

Wenn Ingeborg Bachmann in einer Erzählung – „Ein Wildermuth" – einen Vater darstellt, der ein fanatischer Wahrheits-Sucher ist, so können wir fast schon sicher sein, daß die Mutter am anderen Ufer steht:

So wird der Vater gekennzeichnet (übrigens von einem Sohn):

„Er war der Erfinder des Wortes ‚wahr' in allen seinen Bereitschaften, mit allen seinen Verbindungs- und Verknüpfungsmöglichkeiten. ‚Wahrhaftig', ‚Wahrhaftigkeit', ‚Wahrheit', ‚das Wahre', ‚wahrheitsgetreu', ‚Wahrheitsliebe' und ‚wahrheitsliebend' ..."

Der Sohn teilt den Wahrheitsrausch des Vaters, kommt aber allmählich dahinter, daß über alles „die Wahrheit" gar nicht gesagt werden kann. Er erfährt, daß es auf der hell ausgeleuchteten Vorderbühne seines Lebens zwar in äußerster Genauigkeit um „die Wahrheit" geht, daß es aber gleichzeitig auch eine eher dunkle Hinterbühne gibt, auf der Träume spielen und Phantasien. Die bringt der Sohn ohne Zögern mit der Mutter in Verbindung.

Während der Vater mit den Kindern am Sonntag in die Kirche geht – er ist protestantisch, die Kinder auch –, bleibt die katholische Mutter zu Hause. „Meine lässige Mutter, die, während wir in der Kirche waren, badete in einem Holzzuber, sich ihr Haar wusch und noch im Unterkleid in der Küche stand, wenn wir zurückkamen, strahlend vor Frische und vor Vergnügen über sich selbst ... Ja, meine Mutter, deren Sonntagsfreuden so aussahen, war sicher ausgeschlossen gewesen von etwas – von der Wahrheit natürlich. Sie konnte gar nicht wissen, was das war. Nur der Vater hatte mit ihr zu tun."

Am Ende führt sich – was zu erwarten war – das rigorose väterliche Wahrheit-Sagen ad absurdum. Es enthüllt seine letztlich mörderische Menschenfeindlichkeit. Das letzte Wort der Erzählung gehört nicht rationalen Worten, sondern einem Schrei. Die „Vater-Werte" werden in ihrer übermäßigen Geltung konsequent bis zur Karikatur hochgetrieben; die „lässige Mutter" kann sich dagegen als Korrektiv aber nicht durchsetzen, ihr bleiben nur der Selbstgenuß, das Haus-Innere, die „Hinterbühne" vorbehalten.

Noch in ihrer Umwertung und Umakzentuierung der herrschenden Zweiteilung verdankt sich diese Geschichte dem, was sie kritisch in Frage stellt – und reproduziert es eine Geschichte lang: die bis zur wechselseitigen Ausschließung angestrengte Entgegensetzung zwischen Vater-Welt und Mutter-Welt.

Das alles ist nicht abzutrennen von der Geltung des Vaters als eines Mannes im öffentlichen Bereich.

Die Norwegerin Gerd Brantenberg hat in ihrem Buch „Die Töchter Egalias“ die Zuordnungen auf erfrischend alberne Weise auf den Kopf gestellt und zementierte Verhältnisse zum Tanzen gebracht. Sie demonstriert, was sie demonstrieren will, mit dem schlichten, wirksamen Mittel des Rollentausches. Genauso komplementär wie dem uralten Schema gemäß sind Männern und Frauen im Lande Egalia die Rollen zugeteilt. Das fällt nur deshalb – je nach Standpunkt: unangenehme oder angenehm – auf, weil hier die Frauen im traditionellen Sinne „Väter“ und die Männer im traditionellen Sinne „Mütter“ verkörpern. In Egalia sind es nun eben die jungen Männer, die „drinnen“ bleiben, die Kinder warnen vor den Gefahren „draußen“, die Schullaufbahn der Kinder zu ihrer eigenen Sache machen und hoffen, mit Verschönerungen ihrer strapazierten Person den vielbeschäftigten weiblichen „Vätern“ einen zärtlichen Blick zu entlocken. Daß sie den Kindern nicht viel Respekt abfordern können, diese ständig besorgten, sich aufopfernden männlichen „Mütter“, korrespondiert mit der Tatsache, daß Mädchen als künftige „Väter“ in allen Aktivitäten bevorzugt und auch unterstützt werden bei der Wahl solcher Berufe, die politische Initiative fordern. So müssen die kleinen Jungen ihren von niemandem unterstützten Wunsch vergeblich im Herzen bewegen, auch einmal zur See fahren zu dürfen; das steht nämlich dort einzig den Schiffsfrauen zu. Plakativ und bissig stellt die Autorin dar, wie die ausschließlich auf Haus und Kinder konzentrierten Männer Egalias nun auf ihr Innenleben verwiesen, das heißt: außerordentlich durch Gefühle bestimmt werden; die Männer als „Mütter“ sind in der Öffentlichkeit liebenswert schüchtern und in ihren politischen Urteilen hingebungsvoll abhängig von den autoritären weiblichen „Vätern“, die ausgezeichnet sind durch Rationalität, wenn sie mit Sachverstand und Tatendrang die Erfordernisse ihrer Berufe und ihrer politischen Zirkel obenan stellen.

Die stereotype Rollenzuweisung wirkt anders als bei Kaschnitz hier durch die Verfremdung mit den Mitteln des bösen Blicks offen absurd: Satire im Dienste der Wahrheitsfindung; durch die übertreibende Überzeichnung geraten einige eherne Überzeugungen auf dieselbe Weise in Bewegung, wie es sonst nur gelegentlich empirischen Ergebnissen ethnologischer Feldforschungen aus anderen Kulturen als Wirkung beschert ist. Das angeblich „von der Natur" vorgesehene unterschiedliche „Wesen" männlicher und weiblicher Menschen, das sie prädestiniere zur Väterlichkeit „draußen" und zur Mütterlichkeit „drinnen", wird von der norwegischen Autorin als fragwürdig präsentiert: Wie wäre es, wenn das, was als angeborener „Geschlechtscharakter" gilt, zunächst einmal als erworbener, gelernter „Rollencharakter" betrachtet würde? Und dann wäre sogleich weiterzufragen, beispielsweise danach, ob sinnvoller als solch ein simpler Rollentausch wie der in „Egalia" durchgespielte nicht die Annäherung von „Mutterbild" und „Vaterbild" wäre? Aber damit greife ich vor.

# Geliebtwerden heißt Gehorchen

In „Kindheitsmuster", diesem wieder und wieder von mir befragten Buch von Christa Wolf, macht das Kind Nelly viele exemplarische Tochter-Erfahrungen. Unter anderen auch diese: „Irgendwann hat es erfahren, daß Gehorchen und Geliebtwerden ein und dasselbe ist". Diese Einsicht verbindet sich ihm mit der Einübung in die „Vernunft", worunter die Erwachsenen williges Eingehen auf ihre Forderungen verstehen: „Ein vernünftiges Kind bekommt auch seinen Gutenachtkuß."

Für Töchter früherer Zeiten ist derart als vernünftig definiertes Verhalten auf die Vater-Autorität bezogen und von ihr abgeleitet gewesen. Angesichts der vielerorts laut werdenden Töchter-Klagen über die Abwesenheit der Väter können uns die alten Geschichten aus der Zeit der Anwesenheit von Vätern vielleicht zu größerer Klarheit darüber verhelfen, an welcher Art von väterlicher Präsenz den Töchtern gewiß nicht mehr gelegen sein kann und daß einmal auch Dank und Lob angebracht ist über den Auszug der Patriarchen. Auch deren „Väterlichkeit" ist offensichtlich nicht die, an die wir denken, wenn wir mit diesem Wort etwas einfordern wollen von den Vätern.

Einen Blick zurück auf einen exemplarischen historischen „Vater" und seine „Väterlichkeit" mitsamt den Auswirkungen auf eine Tochter gewährt das schon kurz erwähnte Fürsten-Kind, das mitsamt allen anderen Kindern des Edelmannes außer dem ältesten Sohn vom Vater fürs Kloster bestimmt war, damit der Reichtum der Familie keinen Schaden durch Zersplitterung nehme. Diese Tochter ist es um ihres Lebenslaufes wert, aus einem in Vergessenheit geratenen Buch wieder ausgegraben und hier als erste

Tochter ausführlich vorgestellt zu werden, gleichsam als ein „Phänomen", das selbst „die Lehre" ist.

*

Eingelegt in den großen italienischen Roman aus dem Jahre 1840 „Die Verlobten – Eine Mailändische Geschichte aus dem siebzehnten Jahrhundert entdeckt und neu gestaltet von Alessandro Manzoni", wird die Geschichte des Mädchens erzählt, die auch heißen könnte: „Am Anfang war Erziehung" und „Wenn du es merkst, ist es zu spät", da ihr Autor, immerhin hundertfünfzig Jahre vor Alice Miller, sie überraschenderweise genauso pointiert hat.

„Unsere unglückliche Nonne ruhte noch im Mutterschoße verborgen, als ihr Geschick bereits unwiderruflich bestimmt war. Es brauchte nur noch entschieden zu werden, ob es ein Mönch oder eine Nonne würde, eine Entscheidung, für die nicht ihre Zustimmung, wohl aber ihre Anwesenheit erforderlich war. Als sie das Licht der Welt erblickte, gab ihr der fürstliche Vater den Namen Gertrude, da er einen Namen wünschte, der sofort ans Kloster denken lassen sollte und der einer Heiligen von hoher Abkunft zugehörte. Als Nönnchen gekleidete Püppchen waren das erste Spielzeug, das man ihr in die Hand gab; dann Heiligenbilder in Nonnentracht und diese Geschenke waren stets von ernsten Ermahnungen begleitet, sie als wertvolle Dinge hoch in Ehren zu halten, sowie von der entschiedenen Frage: ‚Das ist aber schön, nicht wahr?' Wenn der Fürst, die Fürstin oder der Erbe, der als einziger Knabe im Hause erzogen wurde, das Gedeihen des Kindes loben wollten, so schien es, als ob sie ihre Gedanken auf keine Weise besser zum Ausdruck bringen könnten als mit den Worten: ‚Was für eine Mutter Äbtissin!' ...

Alle Worte dieser Art hämmerten dem Geist des Mädchens die Vorstellung ein, daß es Nonne werden müsse. Die Worte aus dem Munde des Vaters aber machten mehr Eindruck als alle anderen zusammen. Das Verhalten des Fürsten war gewöhnlich das eines strengen Hausherrn. Handelte es sich aber gar um die künftige Stellung seiner Kinder, so sprachen aus seinem Gesicht und jedem seiner Worte ein unbeugsamer Entschluß und eine empfindliche Herrschsucht, die das Gefühl verhängnisvoller Notwendigkeit auslösten.

Mit sechs Jahren wurde Gertrude zur Erziehung und noch mehr zur Vorbereitung auf die ihr zugedachte Rolle in das Kloster geschickt."

Da der Fürst als Lehnsherr der Region galt, erhofften sich die Nonnen Protektion durch ihn, wenn sie seine Tochter bevorzugt behandelten – seinen Wünschen gemäß –, denn sie sollte sich ja glücklich schätzen, ihr ganzes künftiges Leben dort hochgeehrt zu verbringen. So wurde sie hofiert und mit allem verwöhnt, was einem Kind schmeicheln kann. Der Bestechungs-Plan wäre durch seine konsequente Erfüllung fast erfolgreich gewesen, wenn die kleine zukünftige Äbtissin nicht vor anderen jungen Mädchen geprahlt und sich ihrer Überlegenheit gebrüstet hätte. Statt, wie sie hoffte, Neid zu erregen, erregte sie eher Mitleid, denn die jungen Mädchen, die im Kloster für die Ehe erzogen wurden, prahlten nun ihrerseits mit den Reizen ihres künftigen Standes, der ihnen im Gegensatz selbst zu einer Herrscherin im Kloster ein buntes, freies Leben gestatten würde: „Hochzeiten, Festessen, Salongeplauder, Bälle, Landaufenthalte, Kleider, Kutschen." –

Spätestens hier fragt sich die Leserin verwundert, was für eine Klostererziehung das war, wenn diese Blütenlese außerordentlich irdischer Vergnügungen – keine einzige „in Gott" – die Seelen der jungen Klosterschülerinnen erfüllte. Es hieß zwar zuvor, daß sie hier „für die Ehe erzogen" wurden; aber dem Erzähler ist die „Erziehung" von Töchtern wohlhabender Väter zu künftigen Ehefrauen kein Thema, das ihn lockt. Wir erhalten also keine Antwort auf die Frage nach dem Lehrplan der Klostererziehung. Was den Erzähler lockt, ist die Aufdeckung der Genese seelischer Zerrissenheit, später hätte man vielleicht gesagt: einer Hysterie; eingeführt in den Roman wird Gertrude als „Fürstin", als etwa fünfundzwanzigjährige Nonne aus einer der ersten Familien Mailands, und nachgeliefert wird die Begründung ihrer schon auf den ersten Blick für eine Nonne höchst seltsam wirkenden widerspruchsvollen Persönlichkeit; – die Genese, die seine Geschichte enthüllt, besteht im wesentlichen im Umgang ihres Vaters mit ihr.

Als Gertrude hört, wie sich ihre Kameradinnen ihr künftiges Leben lustvoll ausmalen, ist sie weit entfernt von Vorbehalten irgendeiner Art, zum Beispiel geistlichen, gegenüber solchen Frivolitäten als Lebenserfüllung.

„Diese Vorstellungen verursachten in Gertrudens Gemüt eine Erregung und ein Durcheinander, wie es etwa ein großer Korb frisch gepflückter Blumen in einem Bienenstock hervorrufen würde. Eltern und Erzieher hatten ihre natürliche Eitelkeit gepflegt, um sie am Kloster Gefallen finden zu lassen; als aber diese Leidenschaft von Vorstellungen aufgestachelt wurde, die ihr weit mehr entsprachen, stürzte sie sich mit um so lebhafterer, echter Inbrunst darauf. Um nicht hinter ihren Kameradinnen zurückzustehen und um zugleich ihrem neuen Hange nachzugehen, erklärte sie, daß ihr letzten Endes niemand ohne ihre Zustimmung den Schleier aufnötigen könne, daß auch sie sich vermählen, einen Palast bewohnen und der Welt sich freuen könne, und mehr als sie alle. Sie könnte es, wenn es ihr beliebte, sie möchte es und hätte es immer gewollt. Und sie wollte es in der Tat."

Immerhin ist sie bevorrechteter Geburt, eine Fürstentochter, – und der Eintritt ins Kloster hatte als eine Voraussetzung, das wußte sie inzwischen, den Nachweis unbedingter Freiwilligkeit des Entschlusses. Das war eine menschenwürdige Voraussetzung: Kein Zwang durfte herrschen, wenn jemand – dazu noch in jungen Jahren – auf all das verzichtete, was aller anderen Menschen Sinnen und Trachten erfüllt. Aber der Begriff „freiwillig" gehört wie der Begriff „Vernunft" zu denjenigen, die ihren Gegensinn entfalten, wenn sie im Sprachspiel von Erziehung als einer Zwangs-Unternehmung eingesetzt werden.

Gertrude hält sich in ihrem kindlich ausschweifenden Wunschdenken an dem Wort „freiwillig" fest: Sie ist entschlossen, sie hält sich für entschlossen, diesen Vorbehalt beim Wort zu nehmen und ihr Einverständnis nicht zu geben.

„Hinter dieser Vorstellung aber erschien stets unweigerlich eine andere: daß es darum ging, diese Zustimmung dem Vater und Fürsten zu verweigern, der sie schon für sicher hielt oder wenigstens so tat. Bei dieser Vorstellung war die Seele der Tochter von jener Sicherheit weit entfernt, die sie in ihren Worten zur Schau trug." Sie sieht jetzt, um wie vieles ihre Gefährtinnen zu beneiden sind, die im Einverständnis mit ihren Eltern das Kloster zu verlassen sicher sein können. Sie entwickelt die Gefühle und das Verhalten einer, die gespaltenen Sinnes ist; sie glaubt sich bevorrechtet und nimmt in ihren Befürchtungen schon ihre Rechtlosigkeit vorweg. „In diesem kläglichen Widerstreit mit sich und den anderen ging ihre Kindheit dahin, und sie trat in jenes so kritische Alter, in dem es ist, als ob in die Seele gleichsam eine geheimnisvolle Kraft einzöge, die alle Neigungen und Vorstellungen aufrührt, verschönt und verstärkt und manchmal verwandelt oder in eine unvermutete Richtung lenkt ... Im verborgensten Winkel ihres Gemüts hatte sie sich gleichsam eine prachtvolle Zufluchtsstätte geschaffen. Dorthin floh sie aus der Gegenwart der Dinge, dort empfing sie gewisse Wesen, die sich aus wirren Kindheitserinnerungen seltsam gebildet hatten, aus dem wenigen, das sie von der Außenwelt hatte sehen können, und aus dem, was sie aus den Gesprächen der Kameradinnen erfahren hatte. Bei ihnen verweilte sie, sprach mit ihnen und gab sich Antwort in ihrem Namen. Dort erteilte sie Befehle, empfing sie Huldigungen aller Art."

Vielleicht hätte sie unter anderen Verhältnissen, später, eine Dramatikerin werden können, eine Erzählerin, die über die „Wesen" ihrer Einbildungskraft nicht nur im Inneren Regie führt, sondern sie aus sich heraussetzt und gegenüber der Welt vertritt. Von Tagebuchschreiben ist keine Rede, vielleicht soll das darauf hindeuten, daß die Überwachung total ist. Auch Briefe schreibt sie nicht. Wem hätte sie sich schreibend anvertrauen können? Hier blieb ihr nur die Flucht nach innen, die innere Bühne, – „das Haus der Möglichkeit", der einzige Handlungsspielraum der Machtlosen, die Tagträume als Zufluchtsstätte.

Und das Kloster. Vielleicht hätte sie früher, in den Glanzzeiten der Klöster, eine der bedeutenden Äbtissinnen werden können, wie es im 7. Jahrhundert ihre Namenspatronin Gertrud von Nivelles vorgelebt hatte, auf die vom Vater ja ausdrücklich angespielt worden war: „ da er einen Namen wünschte, der sofort ans Kloster denken lassen sollte und der einer Heiligen von hoher Abkunft zugehörte." Die Erinnerung an jene Gertrud, Tochter des Hausmeiers der Merowinger, wirkt geradezu zynisch im Munde des gestrengen Fürsten, dem – wie in seiner Zeit weithin üblich – das Kloster nur noch eine Versorgungsstätte für überzählige Kinder bedeutete. Gertrud war bald nach ihrem legendären Tod als Heilige verehrt worden, ihre an Wundern reiche Vita wurde früh aufgezeichnet und immer wieder neu erzählt, und in einem weitverbreiteten Kult wurde sie zur Patronin von Pilgern, von Friedhofskapellen und Fremdenspitälern. Kloster – das bedeutete zu Gertruds Zeiten nicht nur das „Zimmer für sich allein", das bedeutete auch Weltoffenheit, Kontakte aller Art, Entfaltungsspielraum und ein gesteigertes Selbstbewußtsein für Frauen. Als wenn der Erzähler mit der Namensgebung den erbärmlichen Status der neuen Gertrude mitsamt dem der neuen Klöster noch zusätzlich charakterisieren wollte durch den Kontrast zu jener herrscherlichen Gestalt, die fest integriert war im religiösen Leben, die in das von ihrer Mutter gegründete Kloster eintrat und als „Exponentin der irisch-fränkischen Klosterkultur" gilt:

„Als Äbtissin rief sie irische Mönche nach Nivelles, die sie und ihre Klosterfrauen mit Gesang unterrichteten. Sie gründete ein Spital für die peregrini, die Iren ... Gertrud ließ für ihr Kloster Bücher und Reliquien aus Rom kommen, damals ein nicht ganz einfaches Unterfangen, das Geldmittel und Beziehungen erforderte."

Von der Ausbildung der künftigen Äbtissin, von religiöser Begeisterung weiß der Erzähler der neuen Gertrude nichts zu vermelden, von geistlicher Belehrung nur dies: Die ihr vermittelte

Religion sei nach seiner Einschätzung „keine Religion mehr" gewesen, „sondern ein Trugbild wie andere auch."

Allmählich schält es sich heraus: Die in das siebzehnte Jahrhundert zurückversetzte Geschichte von Gertrude wird nicht erzählt um ihrer Individualität willen; sie wird um des psychischen Unterwerfungsprozesses und der Strategien willen erzählt, mit denen der Herrscher-Vater seinen Willen durchsetzt. Mit dem Interesse für feinste Seelenregungen weist die Geschichte voraus auf das beginnende Jahrhundert der Psychologie.

Nach acht Jahren darf Gertrude zum erstenmal das Kloster verlassen und für einen Monat nach Hause, genauer, wie es im Text heißt: in ihr „Vaterhaus", bevor ihre endgültige Einweisung in das Kloster erfolgen kann. „Vaterhaus", meines Vater Haus, das ist in den Geschichten von Töchtern und, wie hier, über eine Tochter eine Ortsbezeichnung mit einem ganz anderen Bedeutungshof, als ihn das Wort „Zuhause" hat. Oder als ihn „Mutterhaus" hätte, aber dies Haus gibt es bisher nur für Töchter als Diakonissen. Es ist im emphatischen Sinne ihres Vaters Haus, in das sie zurückkehrt. Sie muß das einzige Haus, das ihr gehört, ihre Fluchtburg der Träume, verlassen und in der Wirklichkeit handeln; sie muß sich ihrem Vater offenbaren, wenn sie tatsächlich von der für sie vorgesehenen Bahn abweichen will.

Voller Scheu vor einer offenen Konfrontation schreibt sie ihm einen Brief. Es kommt keine Antwort. Nur die Mutter Äbtissin kommt und läßt Worte fallen wie „Dummheit" und „großer Ärger". Aber das junge Mädchen hofft gegen ihre Befürchtungen an, und als sie endlich – zum erstenmal seit acht Jahren! – die Klostermauern verläßt und in einer Kutsche durch die Natur fährt, die „freie Natur", da fühlt sie sich mutig und stark.

„Entweder wollen sie mich zwingen, dachte sie, dann werde ich standhaft bleiben. Ich will bescheiden und ehrerbietig sein, aber ich werde nicht einwilligen. Es handelt sich lediglich darum, nicht ein zweites Mal ja zu sagen; und das werde ich nicht tun. Oder sie kommen mir im guten, und dann will ich ihnen noch besser entgegentreten. Ich werde weinen, bitten und ihr Mitleid erregen. Schließlich verlange ich ja nichts anderes, als nicht geopfert zu werden."

„Nichts anderes als": – sie ist noch zu jung, zu unerfahren, sie hat letztlich trotz der Erzählungen der Freundinnen keinen Vergleich, keinen Maßstab. Die Tochter verkennt ihre Lage immer noch, selbst als es nicht einmal zu der von ihr vorgestellten Alternative kommt. Die Eltern setzen die gewaltlose Gewalt ein, für die dem Erzähler des frühen 19. Jahrhunderts noch nicht das Wort „Liebesentzug" zur Verfügung stand.

„Die Eltern waren ihr gegenüber ernst, traurig und verstimmt, ohne jemals zu sagen warum. Man merkte nur, daß sie sie als eine Schuldige, eine Unwürdige betrachteten. Es schien ein geheimnisvoller Fluch über ihr zu schweben und sie von der Familie zu trennen, mit der sie nur insoweit vereint blieb, als nötig war, um sie ihre Abhängigkeit fühlen zu lassen ... Niemand richtete ein Wort an sie; und wenn sie schüchtern irgendein Wort wagte, das nicht unbedingt erforderlich war, fand sie entweder kein Gehör oder erhielt als Erwiderung einen zerstreuten, geringschätzigen oder gestrengen Blick. Wenn sie nun, da sie eine so bittere und erniedrigende Zurücksetzung nicht mehr ertragen konnte, beharrlich Anschluß zu gewinnen versuchte, wenn sie um etwas Liebe bettelte, so wurde unverzüglich verblümt, aber klar das Thema der Wahl ihrer Bestimmung angeschlagen. So gab man ihr mittelbar zu verstehen, daß es ein Mittel gäbe, die Zuneigung der Familie wiederzuerwerben."

Dieses Mittel versucht Gertrude noch von sich zu weisen, sie gibt noch nicht auf. Aber die Einheitsfront der Familie ist erfinderisch im Ersinnen von Beraubungen: Gertrude findet sich im Vaterhaus, – einem Palast, der vom Leben der Geselligkeit, von Festen braust – in einer Klausur, die weit strikter ist als die klösterliche. Sie ist ins oberste Stockwerk verbannt und von jedem Kontakt mit Besuchern ausgeschlossen, nicht einmal Spaziergänge sind ihr erlaubt. Endlich fällt einem Pagen das junge, verstoßene, vereinsamte Mädchen auf, und er wendet ihr entgegen dem strikten Verbot ein wenig Freundlichkeit zu. Das genügt schon, um in ihr die Hoffnungen ihres Traumlebens wieder zu erwekken; aber als sie dabei ist, ihm einmal eine Botschaft zu schreiben, wird sie von einer Zofe ertappt und dem Vater verraten.

„Gertrudens Angst beim Nahen seiner Schritte war unbeschreiblich und unvorstellbar. Das war dieser Vater!"

Das war dieser Vater! Sein Gebot steht nicht zur Debatte, nur ihr Verstoß dagegen. Er weiß sie mit seinem finsteren Gesichtsausdruck und seinen dunklen Andeutungen noch unbekannter, aber gewiß erfolgender Strafen zu zerschmettern. Der Page wird mit Schimpf und Schande entlassen, und Gertrude bleibt in der Obhut der verhaßten Spionin, ausgesetzt ihren Phantasien, die die suggestiven Worte des Vaters in Gang gesetzt haben. Der gegenwärtige Zustand erscheint ihr als derart unerträglich, daß mit ihm verglichen das Kloster als Hort paradiesischen Friedens erscheint. Dort wird sie geehrt, hier wird sie von allen gemieden und, besonders von der widrigen Zofe, beleidigt.

„Sie dachte an den Vater, die Familie: der Gedanke wich erschreckt davor zurück. Aber es fiel ihr ein, daß es ja von ihr abhinge, in ihnen Freunde zu finden; und sie empfand eine unverhoffte Freude. Dahinter verbargen sich Beschämung und ungewöhnliche Reue über ihren Streich und ein ebenso großer Wunsch, ihn abzubüßen."

Es ist so weit. Um wieder dazuzugehören, beginnt sie, sich mit den Augen des Vaters zu sehen. Ihr „Streich" muß ja im Bezugssystem des Vaters ein Verbrechen sein, sonst würde er sie nicht so strafen. Aber was war ihr Streich? Der Zettel an den Pagen, von ihr her gesehen eine harmlose Kinderei, kann nicht gemeint sein; jener Bittbrief wegen des Austritts aus dem Kloster muß ihre Schuld sein, das macht sie sich mühsam klar. Daß der Bittbrief ihren eigenen Willen ausdrückte, ihren sehnlichsten Wunsch, kann sie jetzt gar nicht mehr erinnern; ihre Selbstbehauptung zählt nicht mehr, sondern nur, daß sie gegen seinen Willen verstößt.

Kann sie überhaupt noch wissen, was sie will? Nicht mehr ausgestoßen sein, das will sie, das weiß sie. Sie schreibt ihrem Vater wieder einen Brief, diesmal jedoch „voller Zerknirschung, Betrübnis und Hoffnung. Sie erbat seine Verzeihung und erklärte sich unbedingt zu allem bereit, was dem, der sie gewähren sollte, gefällig wäre."

Der Fürst läßt sie sogleich zu sich rufen. Als sie sich ihm zu Füßen wirft, seine Verzeihung zu erbitten, ist er keineswegs befriedigt. Es sei doch allzu billig, teilt er ihr mit, daß eine Schuldige sich entschuldige. Nein, es gebe nur ein Mittel, die Verzeihung wirklich zu verdienen.

„Gertrude fragte unterwürfig und zitternd, was sie tun solle. Der Fürst" – und jetzt setzt dieser achtungswerte Erzähler in Klammern hinzu: „Wir haben nicht das Herz, ihn in diesem Augenblick Vater zu nennen" – also: „Der Fürst ... antwortete nicht geradezu". Er bohrt weiter in ihrer Verfehlung; die verhindere nämlich, daß er die Tochter einem anständigen Kavalier gebe, er: ein Mann von Ehre. Der Tochter dämmert, daß es sich doch um das Brieflein an den Pagen zu handeln scheine, das ihr Verbrechen ausmacht. Der Fürst sieht darin einen Beweis mehr, daß das Kloster der für ihre anfällige Natur rettende Ort sei.

Jetzt kommt noch ein Parade-Beispiel dafür, daß der Vater auch der Herr über die Bedeutung ist, der Herr der Interpretation: Die Tochter tappt noch nicht ganz in die letzte aufgestellte Falle; sie bringt nur ein schwaches, zermürbtes „Ach ja!" hervor. „Sie war von Furcht durchschauert, durch Scham zermürbt und nunmehr von augenblicklicher Zärtlichkeit bewegt."

Ich bin überrascht, ich frage mich: Was mag nur ihre „augenblickliche Zärtlichkeit" „nunmehr" hervorrufen? Zärtlichkeit für den Richter-Vater? Für den Vater als Alleinherrscher, dessen „Väterlichkeit" sich hier im Erzeugen von Furcht und Scham zeigt? Zärtlichkeit, weil sie schon vorwegnimmt, wieder zu ihm zu gehören, wenn sie nur genügend gebüßt haben wird? Die einfühlende

Phantasie dieses Erzählers für die Vorgänge im empfindsamen Gemüt einer jungen Tochter, die „erzogen" wird – sie muß jetzt etwa vierzehn Jahre alt sein –, erlaubt und legt nahe, die Linie auszuziehen und mißtrauisch zu fragen, ob das Element Überrumpelung und Erpressung nicht überall auftaucht, wo ein überlegener starker Wille einen schwächeren abhängigen überwinden will und diesem Vorgang neben vielen anderen euphemistischen Namen auch den Namen „Erziehung" gibt? Weil die und der mit dem schwächeren abhängigen Willen „von Zärtlichkeit bewegt" ist für den stärkeren und ihm alles zuliebe tut, um nur von ihm „geliebt", das heißt: nicht ausgestoßen zu sein.

Für Gertrude ist das „Ach ja!" nichts als ein „entschlüpfter Ausruf", nicht viel mehr als ein Aufstöhnen. Zu ihrer gänzlichen Verwirrung muß sie erfahren, daß der Fürst, den ich leider Vater nennen muß, ihr den kleinen Ausruf sogleich aus dem Mund nimmt und über ihn verfügt. Er verwandelt den entschlüpften Ausruf „Ach ja!" unverzüglich in die große, umfassende Willenserklärung ihres freiwilligen Eintritts ins Kloster. Noch nie haben so wenige Laute – es sind nicht einmal Worte – so gewaltige Folgen gehabt. Wieder einmal tritt der Vater als Herr der Bedeutungsverleihung auf.

Der Fürst läßt noch einmal die ganze Maschinerie ablaufen, nur mit verändertem Vorzeichen: Wo bisher Peitsche war, ist jetzt Zuckerbrot, unter dem Motto: Alles ist vergeben und vergessen, – denn du willst ja freiwillig ins Kloster, du hast es ja selbst gesagt. Er spricht es sogar aus: „Du hast nun einmal den gestrengen Vater kennengelernt; von jetzt an sollst du seine ganze Liebe erfahren."

Die Tochter will ja nach wie vor durchaus nicht ins Kloster eintreten; doch der geballten Energie des Pater Familias, der ihr zuschreibt, daß sie wolle, hat sie nichts entgegenzusetzen in ihrem grenzenlosen Bedürfnis nach seiner Zuneigung.

„Die Überzeugung des Fürsten schien aber so vollständig, seine Freude so empfindlich, sein Wohlwollen so bedingt, daß Gertrude nicht wagte, ein Wort zu sagen, das ihn darin auch nur im geringsten hätte stören können.“ Wenn der Patriarch einmal wohlwollend gut gelaunt ist, und sei es aus den falschen Gründen, so ist die Tochter die letzte, ihn im Namen ihrer eigenen Wahrheit aus diesem seltenen, kostbaren, labilen Zustand herauszureißen. Bei König Lear müssen die Töchter dem König noch nach dem Munde reden; hier produziert der Vater als Sinnstifter selbst das noch allein.

Der Fürst teilt es der erstaunten Familie mit: „‚Was wir zu ihrem Besten wünschten, hat sie aus eigenem Antrieb gewählt. Sie ist entschlossen; sie hat mir zu verstehen gegeben, daß sie entschlossen ist ...‘ Bei diesen Worten warf sie einen halb erschrokkenen, halb flehenden Blick auf den Vater, als ob sie ihn bitten wollte einzuhalten. Er aber fuhrt unbedenklich fort: ‚... daß sie entschlossen ist, den Schleier zu nehmen.‘“

Dreimal, wie bei einer rhetorischen Klimax mit wachsendem Nachdruck, gebraucht er das Wort, mit dem er allen ihren Willensäußerungen Gewalt antut und die Wahrheit verdreht, das heißt, lügt: „ Sie ist entschlossen“. Ihre Tränen werden uminterpretiert in Tränen der Versöhnung.

Das alles reicht eigentlich aus, die Tochter verrückt zu machen. Was das Satyrspiel nach der Tragödie ausmacht, ist, daß nun vom Vater das Motiv „Freiwilligkeit“ geradezu übermäßig ausgespielt wird. Er beschwört wieder und wieder ihren „freien Entschluß“ und sorgt derweil dafür, daß sie nicht zur Besinnung kommt.

„Den ganzen übrigen Tag hatte Gertrude keine ruhige Minute mehr. Sie hätte sich gerne einmal von soviel Aufregungen erholt. Sie wollte sozusagen ihre Gedanken klären, sich selbst über das Rechenschaft geben, was sie getan hatte, über das, was ihr nun zu tun noch übrigblieb. Sie wollte einen Augenblick nur jene Maschine aufhalten, die, kaum in Gang gebracht, so rasend lief. Doch daran war nicht zu denken.“ So gewaltsam, wie sie zuvor ausgegrenzt worden war, so überwältigend wird sie jetzt integriert in das, was „Schoß der Familie" genannt wird, in den man „heimkehrt". Jetzt wird sie hineingestoßen in die Geselligkeiten, nach denen es sie zuvor verlangt hatte. Und dabei wird sie „Gottesbraut" genannt unter allgemeiner freudiger Zustimmung; der Erzähler setzt hinzu: „Die Gottesbraut wurde zum Idol, zum Hätschelkind, zum Opfer." Wieder solch ein Wort, das mich stutzig macht. Aus welcher Perspektive sie auch „Opfer" genannt wird, – es ist jedenfalls nicht dieselbe, aus der sie als „Idol" und „Hätschelkind" erscheint.

Der Vater betreibt jetzt die endgültige, unwiderrufliche Eingliederung ins Kloster, wobei er Gertrude vor jedem Schritt einer ernsten Unterredung würdigt, das heißt: Er legt ihr seine Worte in den Mund, die er als ihre eigenen Überzeugungen ausgibt und als ihre eigenen Interessen. Gertrudes potentielle Stärke geht daraus hervor, daß diese ganze Überwältigungsmaschinerie in ihr keine wirkliche Bekehrung durch des Vaters Willen in Gestalt einer Sinnesänderung bewirkt, sondern einzig eine innere Spaltung. Die Tochter steht bei jedem Schritt, der näher auf das Kloster hinführt, gewissermaßen neben sich, beobachtet ihre Willfährigkeit, die sie verächtlich Feigheit nennt, ohne dazu imstande zu sein, halt! zu rufen, und: nein! Sie hat allzu schlechte Erfahrungen mit den kleinsten Akten von Widerstand gemacht, und das Einvernehmen mit dem Vater ist ihr der Boden unter den Füßen.

Das ist dem Erzähler vor allem anderen erzählenswert: Wie Gertrude durch die institutionelle Regelung der Stadien auf dem Wege ins Kloster offiziell immer wieder die Möglichkeit erhält, nein zu sagen. Denn immer aufs neue ist mit einer ernsthaften Befragung, einer erneuten öffentlichen Willens-Erklärung zugleich die Möglichkeit eingeräumt, noch in letzter Minute und sogar in allerletzter zurückzutreten. Gertrude träumt jedesmal davon, das Ritual als Chance zu ergreifen. Doch sie kann nicht handeln. „Mehr als alle anderen Blicke aber fesselten sie die des Vaters, an denen sie immer wieder wie gebannt hing, obwohl sie eine so große Furcht davor empfand. Seine Augen lenkten ihre Bewegungen und ihr Mienenspiel wie mit unsichtbaren Zügeln."

Als sei damit noch nicht genug gesagt, stellt es der Erzähler gleich beim nächsten Mal wiederum heraus.

„Schon suchte sie nach irgendeiner anderen Antwort als der ihr vorgeschriebenen, sie hob den Blick zum Antlitz des Vaters, wie um ihre Kräfte zu messen. Da gewahrte sie darin eine so finstere Unruhe, eine so drohende Ungeduld, daß sie, von Furcht getrieben, als ob sie vor einer entsetzlichen Erscheinung die Flucht ergriffe, unverzüglich fortfuhr: ..." – worauf sie die ihr vom Vater eingesagten Formeln hersagt.

Der Wille des Vaters erweist sich als ihre einzige Wirklichkeit, sie bestimmt ihre Identität. Wenn er mit ihr zufrieden ist, vergißt sie für diesen Augenblick, womit sie seine Zufriedenheit erkauft, und ist ebenfalls zufrieden. Dabei durchschaut sie die Sprachregelung immer klarer: Wenn es heißt, daß sie „vor eine Wahl gestellt" werde, bedeutet das regelmäßig, sie müsse „freimütig" einwilligen. Und wenn es heißt, alles hänge davon ab, daß sie „vernünftig" sei, so bedeutet auch das, sie müsse aussagen, aus freien Stücken und gänzlich „unbeeinflußt" eingewilligt zu haben.

Nach der letzten „geheimen" Befragung, nach der die Tochter unwiderruflich als Klosterfrau aufgenommen ist, erfährt sie es im vollen Umfang: Gehorsam sein und Geliebtwerden ist ein und dasselbe. Der Vater überschüttet die Tochter zum ersten und zum letzten Mal mit Zärtlichkeit und Lob und umarmt sie mit väterlichem Entzücken.

Endgültig im Kloster, der Stätte potentieller Ruhe und Sammlung der Seele, wird Gertrude „die Fürstin", die Nonne ohne religiöse Überzeugung. Das Gefühl, eingesperrt zu sein, verläßt sie nie, und in ihrem Inneren nimmt sie die ihr abgelistete Einwilligung wieder und wieder zurück, voller Schmerz über einen Zustand, der in Töchter-Büchern häufig zur Sprache kommt: Unlebbares Leben, ungelebtes Leben.

Daß sie mit dem Vater hadert, dem Fürsten, davon ist nichts gesagt.

*

Verglichen damit ist das Zusammenleben von Emma und ihrem Vater ein Idyll. Jane Austen hat es ausgebreitet, in all seiner rührenden Betulichkeit, in „Emma", diesem sogleich bei seinem Erscheinen im Jahre 1816 geliebten und gerühmten Roman. Wie Gertrude gehört auch Emma zu den Familien an der Spitze der gesellschaftlichen Hierarchie ihrer Region, die eine in Mailand, die andere in Surrey, in England. Aber das sei auch schon das einzige Gemeinsame zwischen den beiden Töchtern, meint die Leserin zu Beginn.

Die auf Harmonie gestimmte Konfliktlosigkeit als Atmosphäre der Einführung von Emma am Romananfang sucht ihresgleichen in der Literatur älterer und neuerer Zeit, die von Töchtern und Vätern handelt:

„Emma Woodhouse, schön, gescheit und reich, mit einem behaglichen Zuhause und heiteren Gemüt, schien in sich einige der besten Glücksgüter des Daseins zu vereinigen und hatte nahezu einundzwanzig Jahre auf der Welt zugebracht, ohne viel Anlaß zu Kummer oder Ärger zu finden.

Sie war die jüngere der beiden Töchter eines ungemein liebevollen, nachsichtigen Vaters und stand seinem Hause infolge der Heirat ihrer Schwester schon seit früher Zeit vor. Ihre Mutter war zu lange tot, als daß sie mehr als eine undeutliche Erinnerung an ihre Liebkosungen behalten hätte".

Wäre da nicht – auch im englischen Original – das verräterische kleine Wörtchen „schien", so wäre es eher ein Märchen- als ein Roman-Beginn.

Von Autoritäten habe Emma nicht zu viel, sondern, nach Meinung der Erzählerin, eher zu wenig Prägung erhalten: „Das eigentlich Ungute an Emmas Stellung war einerseits die Macht, ihren Willen allzu oft durchzusetzen, andererseits die Neigung, etwas allzu gut von sich selbst zu denken".

Endlich einmal also ist die Rede von einer Tochter, die einen eigenen „Willen" entfalten kann und sogar „Macht" hat, ihn „durchzusetzen", da sie mit Reichtum und einem Vater gesegnet ist, der als „ungemein liebevoll und nachsichtig" vorgestellt wird.

Die Freude der Leserin über diese rare, begünstigende Familienkonstellation währt jedoch nicht lange. Die Leserin erkennt, was Emma zu erkennen nicht in der Lage sein kann: Die gesellschaftlichen Normen nämlich zu Beginn des 19. Jahrhunderts setzen sich als Autorität eigener Prägekraft durch, und zwar vermittelt gerade durch diesen Vater, von dem noch einiges andere anzumerken sein wird, als daß er „ungemein liebevoll und nachsichtig" war.

Emma ist nie auf einer Schule gewesen; sie hat, was sie weiß, bei einer Hauslehrerin gelernt, die im Laufe der Jahre aus einer Erzieherin zur Freundin geworden war. Diese geliebte Person, die mit Vater und Tochter den komfortablen Landsitz geteilt hatte, ist durch ihre Heirat eben gerade vor Beginn der Geschichte fortgezogen. Tochter und Vater sind zum erstenmal in ihrem Leben allein. (Daß sie von zahlreichen Haus-Bedienten umgeben sind, schlägt nicht zu Buche.)

Emma sitzt da, ganz gegen ihre Gewohnheit in Gedanken und gemischte Gefühle versunken: Es ist ein Verlust, aber der Freundin ist die Ehe zu gönnen; ihr neues Heim ist nicht weit entfernt, aber die innige Gemeinschaft fortzusetzen, wird nie mehr möglich sein. Es ist der erste Schmerz, ein „sanfter Schmerz", in Emmas Leben, und welche Hilfe würde es bedeuten, wenn sie jetzt in einem Gedankenaustausch den Verlust behutsam an sich heranlassen könnte. Aber der einzige Mensch, mit dem sie über den Schmerz sprechen könnte, ist gerade die, die ihn ihr zugefügt hat. Und der ihr so innig zugetane Vater? „Ihr Vater versank nach dem Essen allmählich in Schlaf, wie gewöhnlich, und sie hatte dann nur dabeizusitzen und an das zu denken, was sie verloren hatte."

Das war die Freundin: „klug, gebildet, hilfsbereit, sanft, vertraut mit allen Eigenheiten der Familie, teilnehmend an allem, was die Familie betraf, und mit ganz besonderem Interesse ihr selbst, jedem Vergnügen und jedem Plan von ihr zugewandt – eine Freundin, zu der sie von jedem Gedanken sprechen konnte", und dieser Katalog von Vortrefflichkeiten bildet den Hintergrund, von dem sich Mr. Woodhouses geistige und seelische Ausstattung, seines materiellen Reichtums und seiner Freundlichkeit unerachtet, als außerordentlich ärmlich abhebt.

„Zwar liebte sie ihren Vater von Herzen, doch eignete er sich für sie nicht zu freundschaftlichem Umgang. Er konnte im Gespräch nicht auf sie eingehen, weder ernsthaft noch im Scherz ... denn da er zeitlebens leidend gewesen war, ohne Beweglichkeit von Geist oder Körper, war er jetzt seinen Gewohnheiten nach ein viel älterer Mann als seinen Jahren nach; und obschon man ihn überall wegen seiner Herzensgüte und seines freundlichen Wesens liebte, hätten seine Geistesgaben ihn doch zu keiner Zeit empfehlen können."

Ihr droht „geistige Vereinsamung" neben dem Vater, dessen Gemüt auf ihre Ermunterung angewiesen ist, leicht verstimmt und überängstlich, wie er ist.

Jane Austen, nicht nur von Virginia Woolf dafür bewundert, pointiert und akzentuiert ihren Stoff so, daß die Leserin schon genau hinsehen muß, um zu erkennen: Er hätte durchaus auch das Zeug zu einer Tragödie, ihr Stoff. Die Autorin ist in der angelsächsischen Kunst des Understatement ausgebildet und verfügt zudem über die unschätzbare Kraftquelle, die sie ihrer Heldin gleich zu Beginn zuschreibt: „a happy disposition", ein glückliches Naturell, ein heiteres Gemüt.

Die Eigenheiten des allseits verehrten Familienoberhaupts werden genau wahrgenommen und in aller Nüchternheit registriert – aber der registrierende Blick der Erzählerin ist nicht eingeschüchtert durch Furcht und nicht befangen in Ressentiments, so daß er imstande ist, dort die Komik der Skurrilitäten von Mr. Woodhouse zu genießen, wo Emma unermüdlich rücksichtsvoll auf sie als berechtigte väterliche Wünsche eingeht.

Das sieht im einzelnen so aus: Da der Vater um nichts so besorgt ist wie um seine eigene Gesundheit, vermutet er, auch alle anderen Menschen hätten einen schwachen Magen, der mit dem Haferbrei am besten bedient sei; alle fürchteten wie er jeden Luftzug und jegliche Feuchtigkeit in der Luft oder auf der Erde, so daß sie wie er am liebsten zu Hause blieben. Mr. Woodhouse verkörpert aufs eindrücklichste, daß diese Zeit unter anderem auch eine des Interieurs war, das allenfalls durch einen „shrubbery", einen ausgedehnten Garten mit Büschen und Sträuchern, gleichsam ins häusliche Freie ausgedehnt war, da Damen nicht zugemutet oder nicht erlaubt werden konnte, allein auf die Straße zu gehen. Er war unbelehrbar der Ansicht, daß seine Tochter und auch andere Menschen Parties verabscheuten, weil diese sie davon abhielten, früh zu Bett zu gehen, was sie doch wie er mehr schätzten als jegliche Unterhaltung. Das mag als „liebenswert" einstufen, wer will; die Erzählerin stellt genügend Fakten zusammen, um das Urteil zu erlauben: Hier nimmt wieder einmal ein Patriarch, wenn auch diesmal einer mit sanfter Stimme, das Recht in Anspruch, die Verhältnisse zu benennen und zu deuten, wie es ihm gefällt.

Emmas „Macht", ihren eigenen Willen durchzusetzen, von der die Erzählerin zu Beginn sprach, erweist sich sogleich als eine, die durch ihren Tochter-Status gänzlich eingeschränkt ist, denn dieser macht ihre gesamte Existenz aus. Das heißt, sie besteht im wesentlichen darin, bei dem Manne auszuharren, den es nach weiter nichts verlangt als danach, daß sie bei ihm sitzt, für seine kläglichen, penetrant wiederholten Feststellungen den munteren Widerpart übernimmt und allenfalls mit ihm Backgammon spielt. Aus seiner Hypochrondrie ergibt sich beispielsweise für die Tochter das eiserne Gebot, den Vater unter keinen Umständen „alleinzulassen", selbst während seines Mittagsschlafes nicht.

Wenn er überhaupt denkt, denkt er abstrakt: Ihm sind Veränderungen jeder Art zuwider, und so bedauert er selbst die, denen glückliche Veränderungen beschert sind, zum Beispiel die frisch verheiratete Freundin seiner Tochter. Eheschließungen – als Inbegriff von Veränderungen – sind ihm pauschal suspekt, und daß Emma ihr Leben im Verbund mit dem seinen im Vaterhaus verbringen wird, ist ihm unumstößliche Gewißheit. Der Blickwinkel, unter dem diese Vereinnahmung der Tochter gesehen wird, führt zu solch einer Formulierung: „Die ihm zur Gewohnheit gewordene harmlose Selbstsucht und Unfähigkeit, sich vorzustellen, daß andere Leute anderer Meinung sein könnten als er ..."

Dabei ist seine Selbstsucht – nicht für die Zeitgenossen, nicht für die Erzählerin, sondern für die heutige Leserin mit dem Bösen Blick – in ihren Auswirkungen auf die Tochter alles andere als „harmlos". Sie hemmt und bremst ihr ausgreifendes Temperament und ihre Unternehmungslust noch mehr, als es ihre herausgehobene gesellschaftliche Stellung und die „guten Sitten" ohnehin schon tun.

Verwechselt die Leserin etwa Fiktion mit Realität und will besser wissen als die Romanfigur Emma, wie es dieser „in Wirklichkeit" ergeht mit ihrem Vater?

Soll hier etwa aus Jane Austen eine Vorläuferin feministischer Patriarchatskritik gemacht werden?

Nicht von alledem. Zu zeigen ist nur, daß die Autorin inmitten der liebevoll, heiter und sarkastisch zugleich ausgepinselten, nahezu heilen ländlichen Familienwelt Züge durchscheinen läßt, die mir bekannt vorkommen, aus jener düsteren Mailänder Geschichte von der unwilligen „freiwilligen" Nonne Gertrude beispielsweise. Es gilt nicht nur für jenen mailändischen Fürsten im Hinblick auf Gertrude: Gesetz und Sprache des Vaters definieren die Grenzen des Lebensraums der Tochter.

Emmas Vater bedarf keiner Machtmittel, wie finsterer Drohungen oder zorniger Blicke; die Gewohnheiten seiner eingefleischten Bequemlichkeit reichen vollständig aus, die Tochter an seinen Wünschen gleichsam festzubinden. Als er sich einmal kokett als „launenhaft und lästig" bezeichnet, was die Tatsachen gut wiedergibt, beteuert Emma nicht nur pflichtgemäß, sondern aus Überzeugung, geradezu erschrocken, das Gegenteil.

Auch Emma bleibt kein anderer Spielraum, ihre aufgestauten Wünsche erdachten „Wesen" mitzuteilen und so endlich einmal etwas nach eigener Regie zu bewegen, als das „Haus der Möglichkeit". Bei ihr ist es nicht die innere Bühne lebhafter Tagträume, sondern das fahrlässige und glücklose Stiften von Ehen, wobei sich ihr gesunder Sinn geradezu in wahnhaftes Wunschdenken verkehrt.

Auch sie hat keine Möglichkeit, zu ihren wahren Empfindungen durchzudringen: Da der Vater ihren Frohmut benötigt, produziert sie ihn, gleichgültig, wie ihr zumute ist. In einem Gespräch hält sie einmal die Überzeugung fest, schon deshalb nicht heiraten zu wollen, weil sie als verheiratete Frau nicht halb so viel Freiheit hätte wie im Haus ihres Vaters, „und niemals, niemals könnte ich erwarten, daß jemand mich so von Herzen liebt und nötig hat, daß ich in irgendeines Mannes Augen stets so die Erste und stets so im Recht bin wie in den Augen meines Vaters."

Sie kann nicht sehen, was die Leserin heute dank dem nüchternen Realismus der unbestechlichen Autorin sieht: daß inmitten all der empfindsamen, zärtelnden, schonenden Umgangsformen zwischen Vater und Tochter er die Macht ausübt und sie sich unterwirft. Ihr heißt ihr unbedingter, unbefragter Gehorsam „herzliche Tochterliebe". Aber in ihrer heiteren scheinbaren Freiwilligkeit schwingt für mich etwas mit von der anderen, deutlich erzwungenen „Freiwilligkeit" der Nonne Gertrude, dem Vater zuliebe, dem Vater zu willen.

Jane Austen hat jedoch für Emma ein Happy End vorgesehen. Der benachbarte Gutsbesitzer und Emma finden endlich aus ihren andauernden lebhaften Streitgesprächen heraus zu dem ernsthaft liebenden Ton, der in dieser Beziehung von Anfang an angelegt war. Emma wird also doch heiraten. Aber wie kann sie diese frohe Kunde dem Vater zumuten? Dabei ist der Erwählte ein Freund auch des Vaters, der sein Verständnis für Emma und ihren Vater durch einen Akt wahrhaften Großmuts beweisen will: Er wird nicht darauf bestehen, daß Emma zu ihm zieht, sondern er wird mit einziehen in das große Vaterhaus von Emma. Und so reagiert der Vater, der alles auf der Welt, auch das Glück seiner Tochter, nur daraufhin bewertet, ob es für ihn „Veränderung" bedeute und deshalb für ihn unbekömmlich sei:

„Als man das Thema zum ersten Mal vorsichtig bei ihm andeutete, war er so unglücklich, daß sie beinahe alle Hoffnung verloren. Eine zweite Erwähnung wirkte indessen schon weniger schmerzlich. Er begann einzusehen, daß es nun einmal sein mußte und daß er es nicht verhindern konnte ... Dennoch war er nicht glücklich dabei. Vielmehr schien er so sehr das Gegenteil davon, daß seine Tochter den Mut verlor. Sie konnte ihn nicht leiden sehen, den Gedanken nicht ertragen, daß er sich vernachlässigt glaubte".

Die Leserin erlaubt sich den Kommentar: Was für eine beglükkende Verlobungszeit!

Daß der Vater den Tag der Vermählung, den er bisher immer hatte hinausschieben lassen, doch endlich festzusetzen erlaubt, verdankt sich einer Einsicht, mit deren Hilfe die Erzählerin noch einmal, am Ende des Romans, Mr. Woodhouse in all der ihm eigenen Väterlichkeit kenntlich macht.

Da aus den Geflügelhöfen der Gegend in letzter Zeit Truthähne geraubt worden waren, fühlte sich Mr. Woodhouse beunruhigter als ohnehin; in seiner nun mehr als gewöhnlich von Angst bestimmten Verfassung gewährte ihm allein ein Gedanke wunderbaren Trost: Emmas künftiger Mann, sein Schwiegersohn, würde ihn und sein Geflügel zuverlässig beschützen. So gab er doch noch freudig sein Ja-Wort.

# Der Herr über die Hummeln

Sylvia Plaths Erzählung „Unter den Hummeln" (entstanden 1950) beginnt mit diesen Worten: „Am Anfang war Alice Denways Vater", und der Anklang an jene ehrwürdigen Worte, „Am Anfang schuf Gott Himmel und Erde", ist nicht zu überhören. Alice erlebt ihren Vater als mindestens gottähnlich, wenn nicht sogar als Gott selbst. Sie genießt nichts so sehr wie die Kundgaben seiner körperlichen Kraft und seiner Macht über andere Menschen; desto wohliger geborgen ist ihr zumute: Sie hat von beidem nichts zu fürchten. Und dabei ist sie selbst klein und schwach. Aber als Familien-Faktum gilt die Setzung: Sie ist sein Lieblingskind. So gibt sie sich vertrauensvoll einer der Gesten anheim, die Inbegriff des Ausdrucks von Väterlichkeit zu sein scheinen, – jedenfalls ist immer wieder von ihr die Rede, wenn kleine Töchter von ihren großen Vätern erzählen: Hoch läßt sie sich von ihm in die Luft werfen, genießt die „bärenhafte Umarmung", mit der er sie sicher wieder auffängt, hört an seiner Brust „den Donnerschlag seines Herzens", das Pulsieren seines Blutes, „kraftvoll wie der Galopp wilder Pferde". Es gibt Erzählungen von Töchtern, die diese Geste eher fürchten, weil ihnen dabei leicht schwindlig wird und weil sie sich nicht gar so gern als Spielball fühlen mögen, aber selbst diese Töchter würden sich eher die Zunge abbeißen, als das offen zuzugeben, und so jauchzen auch sie auf in der erwarteten dankbaren Freude.

Alice braucht keine schauspielerische Anstrengung: Sie genießt rundum alles, was von diesem Vater kommt, ja, es heißt ausdrücklich: „Alice betete ihren Vater an" – und das ist schließlich genau die Haltung, die einem Gott zukommt. Hier haben wir es wieder einmal mit einem Spezifikum der Tochter-Vater-Beziehung zu tun, wie es in dieser Eigentümlichkeit keine andere Konstellation aufweist. Mit einer bemerkenswerten Ausnahme: der Beziehung mancher Frauen zu ihren Männern. Im ganzen Spektrum möglicher Beziehungsformen einer Tochter zu einem Vater, einem Vater zu einer Tochter ist diese eine vielleicht die archaischste. Sie verweist ausdrücklich alle anderen Beziehungen in den zweiten oder dritten Rang: Es ist eine reine Ausschließlichkeitsbeziehung. „‚Wer ist mein Mädchen?' fragte er vernarrt und zupfte an ihrem Rattenschwänzchen. ‚Das ist Alice!' rief sie aus und schmiß sich in ihren Stuhl."

In der Tat ist es undenkbar, daß die kleine Alice Denway etwa noch andere Götter hätte neben dem einen oder daß der so etwas auch nur dulden würde. Auch für eine Göttin ist da kein Platz, für die Mutter etwa. Alice vermerkt zwar aufs genaueste jede zärtliche Zuwendung, die die Mutter dem kränklichen kleineren Bruder zuteilwerden läßt, und für die Intimität, die Mutter und Sohn verbindet, rächt sie sich mit gezielten heimlichen Bosheiten an ihm.

Hier begegnen wir dem schon benannten Sachverhalt erneut: Zur Idealisierung des Vaters als des Starken, Mächtigen scheint wie das Komplementär-Gefühl die Herabsetzung der Mutter (hier noch des kleineren Bruders) als der Unbedeutenden, Schwachen zu gehören. Und wenn dieser Vater mit seiner dröhnenden Stimme und den mächtigen Gliedern der Inbegriff des Männlichen für die Tochter ist und die Mutter sowie der ihr auf alle Weise zugeordnete Bruder der Inbegriff des Weiblichen, so lehnt Alice eindeutig ihr eigenes Geschlecht ab – bis zur Verleugnung. Sie läuft gleichsam über zum gegengeschlechtlichen Elternteil als ein „Sohn ehrenhalber", da ihr die Mutter kein auch nur annähernd so attraktives Modell für ihr eigenes späteres Erwachsenen-Leben bietet. Sie kommt als Vorbild offensichtlich gar nicht in Frage, allenfalls als Gegenbild. Eigentlich kommt sie überhaupt nicht in Frage; sie steht, unbeleuchtet, im Hintergrund. Auch als

Vaters Frau braucht Alice die Mutter nicht zu berücksichtigen; sie weiß von dieser Beziehung nur zu melden, daß er gelegentlich mit der Mutter schimpfe, in dem Ton, den er für die Tochter nie zur Verfügung hat: mit starker und stolzer Stimme; und mit Geschenken wie Zuwendung bedenkt er einzig die Tochter. Jedenfalls will sie, die kindliche Erzählerin, es so haben, und da wir keine andere Perspektive vermittelt bekommen als ihre parteiische, müssen wir uns mit ihrer Version der Verhältnisse zufriedengeben.

Des Vaters – niemals gegen sie gerichtete – Machtäußerungen haben viele Gesichter. Sein Beruf besteht in den Augen der Tochter darin, Urteile über andere Menschen zu fällen, und zwar nur negative; er urteilt sie ab. In der Tochter-Perspektive heißt es nicht: „Er ist Lehrer", es heißt vielmehr: „Er stellt die Fehler richtig, die die Leute den Tag über machen". Und zwar bringt – immer in den Augen der Tochter – die Hand des richtenden Vaters an den Arbeiten der Leute mit seinen Korrekturzeichen „kleine rote Schnitte" an, es sind „böse kleine rote Zeichen" in der „Farbe des Bluts". Die kleine Tochter überläßt sich wollüstigen sadistischen Phantasien, wie der riesenhafte Vater, hoch erhoben auf seinem Pult, „wie ein König auf seinem Thron", die Leute einzeln beim Namen ruft und sie zu sich kommen läßt, um ihnen die vernichtenden Urteile zu verkünden, mit scharfer „donnernder" Stimme, mit „höhnischer Strenge". Und, wieder eine alttestamentarische Anspielung: Von der gedemütigten Menge wird aufsteigen „Heulen und Jammern und Zähneknirschen", – was die kleine Tochter nur allzu gern einmal miterleben würde.

Despotische Machtausübung, das läßt eine Autorin auch noch im Jahre 1950 eine von ihr geschaffene kleine Tochter in einem von ihr geschaffenen Vater verkörpert finden, kritiklos einverstanden, ja, mit schaudernder Bewunderung.

Es gibt durchaus Autorinnen, die Mütter darstellen, wie sie in praktischer und psychischer Überlegenheit den Mann und die Kinder am Leben halten in katastrophalen Lagen – „Als Hitler das rosa Kaninchen stahl" von Judith Kerr – oder mit überragendem Mut sich politisch praktisch engagieren in Situationen, in denen der Mann für Sicherheit durch Zurückhaltung plädiert – Wendelgard von Staden „Nacht über dem Tal. Eine Jugend in Deutschland". Worauf ich aber in Darstellungen von Mutter-Tochter-Verhältnissen noch nicht ein einziges Mal gestoßen bin, das ist diese emphatische Ausschließlichkeit der Beziehung, wie sie beispielsweise gleich auf der ersten Seite eines anderen Tochter-Buches gefeiert wird: „Wenn wir zusammen gingen, mein Vater und ich, dann sagten wir unseren Spruch. Er hieß: ‚Wir zwei beide!' und drückte aus, daß wir zusammengehörten, der Älteste und die Jüngste der Familie, und daß nichts auf der Welt uns dazwischenkommen könnte. Auf die letzte Silbe von ‚beide' setzten wir einen Akzent."

Es scheint Töchtern wenig, wenn ich recht sehe: gar nichts daran gelegen zu sein, in ihren Geschichten *Mütter* zu entwerfen, die sie beeindrucken mit Unerreichbarkeit für alle anderen Menschen – außer für die Tochter. Eine Ausschließlichkeitsbeziehung zur Mutter ist in der Regel nichts, von dem Töchter träumen. Das mag unter anderem in den Erinnerungen begründet sein, die das Kind noch an die „unheimlich hellsichtige Göttin der Kinderstube" in sich trägt, sowie in einer urtümlichen Geborgenheit, aus der herauszuwachsen es als „Erwachsenwerden" gerade ersehnt. Und es ist der Vater, der für Alice – und nicht nur für sie – Erwachsen-Sein repräsentiert.

Dieser Zug offen idealisierender, rückhaltloser Verehrung in der Geschichte von Sylvia Plath wirkt zunächst auf mich wie ein Fossil aus den Jahrhunderten ungebrochener Vater-Herrschaft; bei genauerem Zusehen jedoch regt es sich und beweist, daß in ihm immer noch erhebliche Lebenskraft steckt.

Marie Luise Kaschnitz erinnert an noch nicht gar so lange zurückliegende Jahrzehnte in ihrem Versuch, ihren „Vater vor sechzig Jahren" zu beschreiben. „Bürgerliche Väter im ersten Jahrzehnt dieses Jahrhunderts waren, man vergesse das nicht, noch immer Götter, Herr Vater und Sie sagte man nicht mehr, die Hand küßte man nicht mehr, aber sonst war so ziemlich alles beim alten, die Gotteskinder ferngehalten, der Wille des Vaters Gesetz." Weil sie ihn so überaus selten überhaupt nur zu Gesicht bekam, deshalb weiß die erinnernde Tochter von ihm so wenig. Was sie allerdings dann vor sich sieht, das sind innere Bilder besonderen Glanzes, die kostbaren Momente des Zusammenseins allein mit dem sonst so Unnahbaren, Bilder seiner einzigartigen, an Zauber grenzenden Kunststücke: zu reiten wie der Zirkusdirektor, zu rudern mit unvergleichlicher Leichtigkeit und Geschwindigkeit, zu herrschen über die Figuren des Schachspiels, wirklich Magie zu erzeugen mit Hilfe des alten Zauberspielkastens, – und, draußen an der Uferböschung des Jungfernsees in Berlin, den seltensten und scheuesten der Vögel herbeizuschaffen. „Ein Eisvogel, sagte mein Vater, der Kindervater, der, allmächtig, nicht nur den blitzenden Ruderschlag ausführen konnte, sondern auch in der vertrauten Umgebung phantastische Lebewesen erscheinen lassen konnte." Als Herrn über Geschaffenes wie Ungeschaffenes erlebt die kleine Tochter den Vater.

Im allgemeinen ist er eher finster unnahbar, der Vater von Alice, und das ist genau der richtige Hintergrund für die Beweise seiner einzig ihr zugute kommenden Zuwendung. Die wird dadurch nur desto auszeichnender. Wäre er, wie vermutlich die Mutter, ohnehin gütig, wäre Güte ihr gegenüber ja nichts Besonderes. Aber ein derartig unerreichbarer „Herr im Haus" – mit dem kleinen Sohn läßt ihn die Erzählerin offen verächtlich sprechen –, wenn *der* die Tochter bevorzugt, so ist das eine einzigartige Erhöhung. Die Faszination wird für die kleine Tochter von der Erzählerin gerade in diese Gottähnlichkeit des Vaters gelegt, die sich jedoch eher dem Bild eines strafenden Gottes verdankt; als sei sie die einzige Gerechte und der Rest der Welt, einschließlich Mutter und Bruder, werde einem vernichtenden Strafgericht unterworfen. Diese Vorstellung bereitet der Tochter Lust.

Von körperlicher Zärtlichkeit ist offen die Rede bei Mutter und Sohn. Bei Vater und Tochter sieht sie anders aus: Den Umgang mit dem Vater erlebt die Tochter wie eine einzige Berührung. Denn die Situationen vertrauter Nähe erstrecken sich über schier unbegrenzte Bereiche. Das wilde Meer gehört zu ihnen: Der Vater – kraftvoller Schwimmer, der er natürlich ist, – nimmt Alice auf den Rücken und schwimmt mit ihr weit hinaus. Als seien die beiden ein Wesen. Wieder ist es für die Erzählerin wichtig zu betonen, daß es sich nicht um so etwas Banales wie ein Strandvergnügen für die ganze Familie handle, sondern es geht ihr um des Vaters Beherrschung des Meeres, an der allein sie teilhat, unmittelbar körperlich. Die Mutter hütet wieder das Haus, dem kränklichen Sohn zuliebe. Beim gemeinsamen Strandlauf genießt Alice ihre Zartheit, und ihre kürzeren Schritte wachsen über sich hinaus in der Anpassung an seine ausgreifenden, mächtigen – wie im Fluge und wie ein Versprechen, daß sie eines Tages in seine Fußstapfen treten wird.

Da ist kein konkurrierendes Vergleichen mit dem niederschmetternden Ergebnis des eigenen Versagens, wie es etwa dem Sohn in Kafkas „Brief an den Vater" schmerzlich bewußt ist: „Ich war ja schon niedergedrückt durch Deine bloße Körperlichkeit. Ich erinnere mich zum Beispiel daran, wie wir uns öfters zusammen in einer Kabine auszogen. Ich mager, schwach, schmal, Du stark, groß, breit. Schon in der Kabine kam ich mir jämmerlich vor, und zwar nicht nur vor Dir, sondern vor der ganzen Welt, denn Du warst für mich das Maß aller Dinge. Traten wir dann aber aus der Kabine vor die Leute hinaus, ich an Deiner Hand, ein kleines Gerippe, unsicher, bloßfüßig auf den Planken, in Angst vor dem Wasser, unfähig, Deine Schwimmbewegungen nachzumachen, die Du mir in guter Absicht, aber tatsächlich zu meiner tiefen Beschämung immerfort vormachtest, dann war ich sehr verzweifelt, und alle meine schlimmen Erfahrungen auf allen Gebieten stimmten in solchen Augenblicken großartig zusammen."

„Das Maß aller Dinge", das ist Alices Vater ja genauso für die Tochter, wie es hier der Sohn angibt. Aber der entscheidende Unterschied scheint mir darin zu liegen: Von der Tochter erwartet weder sie selbst noch der Vater, daß sie es ihm in dieser Situation gleichtun könnte an kraftvoller Körperlichkeit und Geschicklichkeit. Der Reiz der kleinen Tochter – für beide! – besteht gerade in ihrer Unterlegenheit, darin, daß sie als Konkurrenz gar nicht in Frage kommt, sondern vom starken Vater auf dem Rücken getragen wird, als sei sie ein Stück von ihm. Und später, viel später, wird sie sein wie er.

Auch Sylvia Plath gehört zu den Autorinnen, die Väterliches und Mütterliches, Männliches und Weibliches auf alle Weise auseinanderreißen, kompromißlos und unversöhnlich, und sie scharf voneinander getrennten Bereichen zuordnen. Mehr noch: das Weibliche und Mütterliche wird bei ihr entschieden und konsequent der Geltung des Väterlichen und Männlichen untergeordnet. So wie hier die Tochter nicht etwa eine Wanderin zwischen beiden Welten ist. Nein, sie hat ihre Wahl getroffen, ein für alle Mal.

Des Vaters Überlegenheit über die Elemente tritt bei nächster Gelegenheit erneut hervor, und wieder findet sich Alice in einer körperlichen Verbundenheit mit ihm, die auf charakteristische Weise alles andere und alle anderen ausschließt. Es kann geradezu als bevorzugter Aufenthaltsort so mancher Tochter bezeichnet werden, wie wir sehen werden: Sie sitzt auf seinem Schoß. Der kleine Bruder hat sich im Besenschrank verkrochen. Während draußen gewaltige Gewitter toben und der Orkan die Regengüsse gegen die Fensterscheiben und das Meer hoch bis fast ans Haus heranpeitscht – alles autobiographische Details aus der Ostküsten-Heimat von Sylvia Plath –, lernt die Tochter wieder einmal etwas vom souveränen Vater, diesmal sein „Donnerlied": „Thor ist wütend. Thor ist wütend. Bum, bum, bum! Bum, bum, bum! Uns ist's egal. Uns ist's egal. Bum, bum, bum!"

Daß die Autorin über die autobiographischen Details frei verfügt, indem sie sie jeweils als „Material" einsetzt, gerade in den

Zusammenhängen, in denen sie sie brauchen kann, – dafür ist das „Donnerlied" ein eindrückliches Beispiel. Plath hat es noch einmal verwendet, und zwar in dem Gedicht „The Disquieting Muses" – „Die beunruhigenden Musen", dessen Titel und Bild-Einfall sie einem Blatt von De Chirico verdankt. Im Gedicht ist es eine Mutter, die das Lied während eines wütenden Gewitters singt; ihr aber rechnet es das Tochter-Ich des Gedichts nicht zum Verdienst an, daß sie mit ihm die Kinder in dem Aufruhr der Elemente beruhigen will. Der Orkan läßt sich von ihr auch nicht bändigen: Die Scheiben im Arbeitszimmer des Vaters wölbt er bedrohlich nach innen. Was der Tochter Alice bei ihrem Vater als Zeichen seiner Souveränität gilt, das gilt der Tochter des Gedichts bei der Mutter als Zeichen ihres domestizierenden Herunterspielens großer Naturgewalten. Geschichte und Gedicht – das sind zwei Texte mit zwei Töchtern, unvergleichbar, möchte man meinen. Und dennoch verweisen sie auf dieselbe Autorin und ihre Zuschreibungen, denn in dem einen Text ist der Vater noch im Beherrschen großartig auf der Seite von Macht und Gewalt der Natur, im anderen Text verharmlost die Mutter sie, gehört zur Gegenseite des „Drinnen" und will das Gewaltige ausschließen – während die Tochter des Gedichts wie die Tochter der Geschichte nicht mit der ahnungslosen Mutter im Bunde ist, sondern mit den drei unheimlichen, dunklen Frauen, den „Beunruhigenden": „Ich lernte, ich lernte, ich lernte anderswo, / Von Musen, die du nicht angestellt hast, liebe Mutter": Was sie zur Dichterin mache, sei entschieden nicht die auf sorgliche, friedliche, freundliche Bewahrung bedachte Mutter-Welt. Sondern Abgründiges, Finsteres, destruktive Gewalten, – und daß die gerade durch „father's twelve study windows", die zwölf Fenster von Vaters Arbeitszimmer, ins Haus drängen – und nicht etwa durchs Küchenfenster –, signalisiert, wie es um die Bündnisse in diesem Haus bestellt ist.

Das Entscheidende aller dieser Situationen ist: Durch Identifizierung verwandelt sich die kleine Tochter dem Vater an, indem sie alles, was sie als schwach, furchtsam und ohnmächtig an sich wahrnehmen müßte, als „weiblich“ etikettiert und verleugnet: Macht und Stärke des Vaters sind Macht und Stärke der Tochter, seiner Tochter.

Was die westliche Kultur, und nicht nur sie, im großen Maßstab über die Jahrhunderte hin betrieben hat, die Polarisierung der Geschlechter, wird hier, in dieser Geschichte einer ausgebildeten, gebildeten Autorin von heute, noch einmal anschaulich und zum Greifen nah. Und nicht in kritischer Absicht. Sie wird in jeder einzelnen Situation aufs neue ausgekostet, jedesmal mit einem geradezu metaphysischen Schauder: „Aber in den starken Armen ihres Vaters und mit seinem beständigen, beruhigenden Herzschlag an ihrem Ohr, glaubte Alice, daß er irgendwie mit dem Zauber der Furien (‚the miracle of fury‘) hinter den Fenstern verbündet war und daß sie durch ihn dem Jüngsten Gericht in vollkommener Sicherheit entgegensehen konnte“. Die Sicherheit, die die Mutter demgegenüber bietet, scheint harmloser, nur vorgetäuscht zu sein. Einem längst überwundenen Stadium angehörig, wie die Assoziationen von „Mutterschoß“ gegenüber „auf Vaters Schoß“.

Sylvia Plath hat in ihren Gedichten wie in ihren Geschichten einen ausgebildeten Kunstverstand bewährt, der sich besonders in der Ökonomie der Mittel beweist. Sie ist der verdichtenden Verknappung fähig, des pointierten Lakonismus, der den Lesenden genügend Rätsel offenläßt. Nicht so in dieser Geschichte. Die Allmacht des Vaters und die einsame Teilhabe der Tochter an ihr werden entgegen den Forderungen erzählerischer Ökonomie, wie sie für die Kurzgeschichten auch dieser Autorin sonst unbedingt gelten, wieder und wieder dokumentiert, als könne sich die Erzählerin daran gar nicht satt erzählen.

So stellt sie als weiteren Höhepunkt der Naturbeherrschung seinen Umgang mit den Hummeln dar. „Das war etwas, was kein anderer Vater konnte“: Er fängt eine Hummel mit der Hand, hält sie an Alices Ohr; sie genießt schaudernd das bedrohlich klingende Brausen und weiß, daß die Hummel ihn nicht stechen wird.

Nicht, weil sie einer nichtstechenden Hummel-Art angehört, sondern, weil die Hummel „es nicht wagen" würde.

Und dann zeigt der weitere Verlauf der Geschichte selbst den Grund auf für die Häufung von väterlichen Heldentaten und töchterlicher identifizierender Teilhabe an ihnen. Dieses Paradies ist, wie alle wahren, ein verlorenes. Eines Tages gab es nichts mehr zu erzählen von der beseligenden Gemeinschaft eines Starken mit einer Schwachen, die durch ihn ebenfalls stark war. Eines Tages ist der Vater jählings aus dem ihm von der Tochter zugeordneten Außen-Bereich, dem Bereich absoluter Machtvollkommenheit, verschwunden. Sie muß ihn zu ihrem ungläubigen Entsetzen verwandelt finden, drinnen im Haus, als einen ans Bett gefesselten Kranken, der fraulichen, mütterlichen Pflege Bedürftigen. So eingeschworen ist die Tochter auf seine Welt als die Gegenwelt zu menschlicher Schwäche und Ohnmacht, daß sie den Vater hierhin nicht zu begleiten vermag. Sie vermag seine verwandelte Gestalt nicht zu akzeptieren. So wie sie ihre begrenzten Kräfte und ihr Geschlecht in der Identifizierung mit ihm verleugnet hat, so leugnet sie jetzt, daß er zu denen gehört, die Hilfe brauchen. Von einem Arzt beispielsweise. Als sie es dann glauben muß, ändert sie nicht ihr Vater-Bild und sich selbst ineins mit ihm, fühlt kein Mitleid, wendet sich nicht der Mutter zu. Statt dessen fühlt sie sich „verraten und verloren". Vater – das war der, mit dem sie, „stolz und hochmütig, unter den Hummeln" gewandelt war.

Die Stichworte „Naturbeherrschung" und menschliche Machtvollkommenheit als Attribute des Vaters führen mitten hinein in das Selbstverständnis der Anwälte technischer Rationalität und technischen Fortschrittsglaubens. Nicht nur in dieser Tochter-Geschichte. Und es ist wieder einmal eine den Vater und dessen kulturbestimmende Prinzipien verherrlichende Tochter-Geschichte, aus der ausgeblendet ist das Prinzip Mütterlichkeit. Ihm wird mit eher wegwerfender Gebärde das ganz und gar nicht abenteuerliche, ganz und gar nicht faszinierende familiär Häusliche zugeordnet, die Heimstätte von Fürsorge für die Schwachen, – die ganz

Kleinen und die ganz Kranken. Die Erzählerin dieser Geschichte optiert für die Ungleichwertigkeit der Geschlechter und schlägt sich auf die andere Seite.

Das Interesse an Sylvia Plaths Texten folgte dem Interesse an ihrer bewegenden Lebensgeschichte nach. Genauer gesagt: durch das abrupte Ende mit dem Selbstmord der Dreißigjährigen, die zwei kleine Kinder zurückließ, fing man überhaupt erst in einer breiten literarischen Öffentlichkeit an, sie als eine Schriftstellerin von Rang wahrzunehmen. Bezeichnenderweise war es nach dem schmalen Gedichtband „Ariel", in dem Erich Fried 1974 seine Übersetzung einer Auswahl ihrer späten, eher hermetischen Gedichte herausgebracht hatte, erst die ein Jahr später erscheinende Übersetzung ausgewählter Briefe an die Mutter („Briefe nach Hause – 1950–1963"), die sie in Deutschland bekanntmachte. Es war das ausführliche biographische Vorwort der Mutter, Aurelia Plath, zur Briefsammlung mitsamt ihren ausführlichen Kommentaren zu einzelnen Briefen, die dafür sorgten, saß Sylvia Plath nach ihrem Tode zunächst einmal als „Mutters Tochter" präsentiert wurde.

Da sie, wie sehr viele Schriftstellerinnen und auch Schriftsteller, den Stoff ihrer Geschichte aus ihrem Leben nahm, liegt es allzu nahe, auch in unserer Geschichte den autobiographischen Spuren nachzugehen. Was weniger nahe liegt, ist jedoch, darunter etwas anderes zu verstehen als das Aufspüren von Verdoppelungen, also Wiederholungen des Gelebten im Geschriebenen. Autobiographische Spuren: das soll hier heißen, die *Korrekturen* nachzuvollziehen, die die Autorin an ihrer gelebten Geschichte vornimmt mit Hilfe ihrer erdachten Geschichte.

So wahr es ist, daß der Vater der Autorin wie der Vater von Alice alles Wissenswerte über Hummeln wußte (seine Dissertation trägt den schönen Titel „Bumblebees and their Ways", also etwa „Hummeln und ihr Leben und Treiben"), so wahr es ist, daß er zuvor Deutsch-Lehrer am College war und als solcher ebenfalls zu Hause Arbeiten zu korrigieren hatte, und daß er starb, als die

Autorin noch nicht neun Jahre alt war, und so lebenswahr eine ganze Reihe anderer Details auch sein mag, wie Existenz und Name des jüngeren Bruders beispielsweise, – so wenig entspricht der autobiographischen Realität der Autorin das Wichtigste der Geschichte: Wie es in Erscheinung trat, daß Alice des Vaters „Lieblingskind" war.

Ein Lieblingskind von Otto Plath zu sein, das wollte nämlich bei dessen Lebensführung wenig besagen. Er hatte es als mittelloser Einwanderer aus Deutschland bemerkenswert weit gebracht, mit eisernem Fleiß: nicht nur akzentfrei das Englische gelernt, war nicht nur Hochschullehrer zunächst für deutsche Sprache geworden, sondern hatte sich als Autodidakt qualifiziert zum Spezialisten der Entomologie (Insektenkunde), so daß er schließlich auch dieses Fach lehrte. Er gehörte zu den erfolgreichen Forschern auf seinem Gebiet. Und also war sein Lebensinhalt sein Werk. Es ist fast überflüssig, daß seine Frau noch Material dafür beibringt, was für ein fanatisch seiner Arbeit Ergebener war und wie er in seinem Haus äußerste Ruhe erzwang, und zwar sowohl von der Tochter wie vom Sohn.

Wer die Tochter an den Strand zu begleiten pflegte und ihr beispielsweise das Schwimmen beibrachte, war der Großvater, der Vater der Mutter. Und wer sich als erfinderischer Alleskönner im praktischen Bereich mit dem kleinen Mädchen wie dem kleineren Jungen beschäftigte, war der Bruder der Mutter, der junge sportliche Onkel der beiden. Die Mutter war keineswegs „auf der Gegenseite", ausgelastet mit fürsorglichen Liebesdiensten für den Sohn, sondern sie war in erster Linie, noch vor ihren häuslichen Verpflichtungen, die selbständig-tüchtige Assistentin ihres Mannes, kooperierte mit ihm im Dienste an seinem Werk – und hatte ihn von den Kindern abzuschirmen. Die Kinder wuchsen faktisch bei den Großeltern auf, in deren Nähe die Plaths deshalb gezogen waren. Ja, er war ein Patriarch im alten Stil, das bestätigt auch das Vorwort von Aurelia Plath zu den Briefen ihrer Tochter, in dem sie für ihn im englischen Kontext das deutsche Wort „Herr im

Haus" benutzt. Wenn er „stolz und hochmütig unter den Hummeln wandelte", so tat er das entweder allein oder in Begleitung der ihm ergebenen Frau – und keineswegs in inniger Gemeinschaft mit der kleinen Tochter. Die durfte sich allenfalls vor dem Schlafengehen, zusammen mit dem Bruder, eine halbe Stunde lang vor dem Vater produzieren.

Sylvia Plath hat hier nicht nur, wie Gottfried Benn das für sich in Anspruch nahm, gemäß ihrer „schriftstellerischen Gesinnung" ihre Familie als „Material" ihrem Werk anverwandelt, sie hat sich darüber hinaus in dieser Geschichte ihren Wunsch nach dem Vater ihrer Bedürfnisse erfüllt und sich als Erzählerin einen Wunsch- und Sehnsuchtsvater modelliert, genau wie andererseits das trügerische Selbstbild so manchen vielbeschäftigten Vaters aussehen mag. Sie hat ihr Vaterbild über die Vatergestalt gestülpt, so daß beide für sie ununterscheidbar werden. Es ist einleuchtend, daß ein zurückgesetztes kleines Mädchen sich als Autorin später an die Spitze der väterlichen Prioritätenliste imaginiert, und daß sie einen, der Alleinherrscher im Dienste seiner eigenen ehrgeizigen Ziele war, ummodelt in einen, der sie liebend mitumschließt mit seiner Selbstherrlichkeit. Einleuchtend ist ferner, daß sie einen väterlichen Kraftprotz in göttlicher Allmacht auspinselt, da sie eine über drei Jahre währende unheimliche Krankengeschichte des Vaters miterlebt hat, im prägsamen Alter und in der Erfahrung gänzlicher Ohnmacht. Unheimlich war die Krankengeschichte von Otto Plath deshalb, weil er – Despot auch hier – sich trotz genügend deutlicher Körpersignale weigerte, rechtzeitig einen Arzt heranzuziehen. Er war davon überzeugt, inoperablen Krebs zu haben. Später stellte sich heraus, daß er an Diabetes litt, und die wäre bei rechtzeitiger Behandlung durchaus zu heilen gewesen. Die achtjährige Sylvia, so berichtet die Mutter, habe sogar eine Krankenschwester-Bekleidung, in Kinder-Größe, angezogen, um ihre pflegerischen guten Absichten auch äußerlich zu dokumentieren. Daß der kleinen Alice Denway der Plath-Erzählung dieser ganze quälende Krankheitsprozeß, der zugleich ein Prozeß der Rückführung des idealen Vaterbildes auf die menschlich-allzu menschliche Vatergestalt bedeutete, erspart bleibt und die Entthronung des Herrschers und sein Abtreten von der Bühne nur in äußerster Raffung und Entschärfung mitgeteilt werden, ist gleichsam der literarischen Wiedergutmachung zweiter Teil.

In ihrem Tagebuch hält die Autorin im Nebensatz fest, was für sie einen wirklichen Vater ausgemacht hätte: Alle Betonung liegt auf seiner Verläßlichkeit. Es wäre einer, der „verläßlich" ist und sie „verläßlich" lieben würde, das ganze Leben lang. Und deshalb zittert noch in den Worten „verloren und verraten", die die erwachsene Autorin ihrer Tochter-Gestalt zuletzt in den Mund legt, die eigene Enttäuschung nach. In zahlreichen Geschichten habe ich das Motiv wiedergefunden: Die Tochter kreidet es dem Vater als böswilliges Verlassen an, daß er früh gestorben ist.

Die Position, die der Mutter in der Erzählung zugewiesen wird, demonstriert aufs neue die wechselseitige Durchdringung von Fiktion und Leben. Die Herabsetzung der Mutter als Komplement zur Erhöhung des Vaters, ein Motiv so mancher Tochter-Geschichten, wie schon an Germaine Greers „Daddy" abzulesen war, spielt in Sylvia Plaths Prosa, gelegentlich auch in den Gedichten, eine auffallende Rolle.

„Ich erinnerte mich auch daran, daß Buddy Willard in ernstem, wissenden Ton gesagt hatte, wenn ich erst Kinder hätte, würde ich ganz anders denken und keine Gedichte mehr schreiben wollen.

Deshalb glaubte ich, es sei vielleicht wirklich wie Gehirnwäsche, wenn man verheiratet war und Kinder hatte, und man lief dann nur noch dumpf wie ein Sklave in einem privaten, totalitären Staat herum." Das sind Gedanken von Esther, der Ich-Erzählerin in Plaths Roman „Die Glasglocke". Esther ist nicht gesonnen, diese Rolle zu übernehmen, die die Mutter ihres Freundes Buddy Willard in das Bild gesetzt hat, das Esther öfter mit Schaudern referiert: „Ein Mann ist ein Pfeil in die Zukunft und eine Frau ist der Ort, von dem aus der Pfeil fortschießt."

Sylvia Plath hat so manche Kurzgeschichte der „Welt der Mütter" gewidmet (z.B. „Mütter" und „Tag des Erfolgs") und in Frauenzeitschriften veröffentlicht; mir scheinen sie, wie die Feindseligkeiten an die Adresse der Muttergestalten in „Die Glasglocke", allesamt aus der Perspektive einer geschrieben, die recht eigentlich nichts sein wollte als „Lieblingskind" und künftiger Nachfolger eines dominanten Vaters – „ein Pfeil in die Zukunft". Das heißt, sie zeichnet die Mütter als auf das Haus und die Kinder beschränkte Eingeweihte in bestimmten Riten und Rituale, zugleich eben dadurch abgekoppelt vom „Leben", in dem sich die berufstätigen Frauen und Männer tummeln.

Buddy Willards Mutter, die selbst einmal Lehrerin war, liefert ihr mitsamt dem abschreckenden Beispiel ihrer häuslichen Sisyphus-Arbeit noch ein Bild dafür:

„Als ich Buddy einmal besuchte, traf ich Mrs. Willard, wie sie mit Wollstoffstreifen aus Mr. Willards alten Anzügen einen Teppich webte. Mit diesem Teppich hatte sie Wochen zugebracht, und ich bewunderte das gewebte Muster aus Braun und Grün und Blau, aber nachdem Mrs. Willard damit fertig war, legte sie den Teppich an die Stelle ihrer alten Küchenmatte, statt ihn an die Wand zu hängen und nach ein paar Tagen war er schmutzig und farblos". Die Erzählerin hat die Phantasie, die Ehemänner hätten allesamt eigentlich nur dieses mit ihren Frauen, den Müttern ihrer Kinder, im Sinn: sie sich unter die Füße zu legen wie Mrs. Willards Webteppich – mit ähnlicher Farblosigkeit als Folge. Die Mütter ihrer Geschichten sind zumeist eher strapazierte und geistig irgendwann entschlossen stehengebliebene, unselbständige Geschöpfe: Die Autorin läßt sie bei aller rastlosen häuslichen Geschäftigkeit in einer seltsamen Lähmung verharren, in Versuchen, eine „Weiblichkeit" zu kultivieren, die das alte Schema „Und drinnen waltet die züchtige Hausfrau" fortzuführen unternimmt; dabei werden sie von der Erzählerin leicht, aber unüberhörbar ironisiert.

In die Geschichten von Sylvia Plath spielt damit etwas hinein, was für sie selbst ein praktisch unlösbares Problem war. Als sie nämlich in Konkurrenz zu ihrem Schriftsteller-Ehemann tritt, den sie zunächst ebenso idealisiert und erhöht hatte wie Alice Denway ihren Vater, kommt es zum Konflikt zu jener anderen Rolle, die sie ebenfalls übernommen hatte, in ausdrücklichem Gegensatz zu Alice Denway: Sylvia Plath war nicht nur darauf bedacht, alle ihre Energie in die Ausbildung ihrer eigenen Schreibweise zu investieren und sich in der „Vater-Welt", der akademischen und literarischen Öffentlichkeit, als ebenbürtig zu bewähren, sondern sie war ebenso darauf bedacht, sich „drinnen", in der „Mutter-Welt" zu bewähren. Zu Recht konnte Aurelia Plath auf die Briefe an sie und deren Erfolgsmeldungen aus dem familiären und häuslichen Bereich hinweisen.

Ich hatte im zweiten Kapitel vorgreifend behauptet, daß die seelische Energie der Töchter offensichtlich zur Identifizierung sowie Auseinandersetzung immer nur mit einem Elternteil ausreiche. Plaths Texte bestätigen das, während sie in ihrem Leben wie eine Kerze an beiden Enden brannte. Sie wandte sich, kompetent und bis zur Erschöpfung ausdauernd, dem zu, was sie sich gewünscht hatte – und was sie zugleich und gleichzeitig in ihrem Roman (er erschien in England wenige Wochen vor ihrem Selbstmord) und in mehr als einer Erzählung als Falle für intelligente Frauen darstellte, nicht nur im Sinne einer Karikatur. Ein Dilemma, das verrückt machen konnte:

Durchaus auch beeinflußt vom „Weiblichkeitswahn" in den USA der 50er Jahre, fühlte sie sich nur als „richtige Frau", wenn sie komplett war mit erfolgreichem Ehemann, mit großem Haus, großem Garten und wenigstens zwei Kindern. Aber dabei verließ sie nie der Stachel, sich auf etwas eingelassen zu haben, das ihre Konkurrenzfähigkeit in der „Vater-Welt", der Literatur und dem Literaturbetrieb, erheblich reduzierte. In der feierte ihr Mann, der Vater ihrer Kinder – wie ihr schien: ungehindert und unterstützt von ihr – seine Erfolge.

Und daher mußte es wohl auch in ihren Texten zur Umwertung kommen. „Maestro of the bees" nennt sie einen Vater im Gedicht „Des Bienenzüchters Tochter", aber von dieser verehrenden Haltung entfernen sich die späteren Gedichte immer nachdrücklicher. In ihrem bekanntesten, weil schockierendsten, Gedicht, „Daddy" – auf das Germaine Greer mit ihrem Titel anspielt – wird „Daddy" seines vorzeitigen Todes wegen angeklagt. Es ist ein Gedicht, in dem sie unverhohlen ihren „Beunruhigenden Musen" huldigt. Das Gedicht ist eine Absage auch an die gutwillige Versöhnlichkeit und Kompromißbereitschaft, die sie ihren gedichteten Müttern zuzuschreiben pflegt. Sie jedenfalls geht jetzt in die Offensive voller Aggression: Sie hätte ihn töten müssen, wenn er nicht vorher gestorben wäre. Wenn es zutrifft, daß kein Text überliefert sei, in dem über die Jahrhunderte hin – oder sind es Jahrtausende? – eine Tochter ihren Vater umgebracht habe, so ist Sylvia Plath dem Vater-Mord in diesem Gedicht zumindest sehr nahe gekommen. Aber damit nicht genug: „Daddy" wird hier mehr als nur entthront, er wird vom Thron der Verehrung geradezu gestoßen und gezerrt; er wird denunziert: als Deutsch-Sprechender, das in diesem Text gleichbedeutend ist mit Militarist und Nazi. Wiederum ist die Vermischung autobiographischer und fiktiver Details irritierend: Otto Plath war gebürtiger Deutscher, aber er war vor der Nazi-Zeit, als Sechzehnjähriger, in die USA ausgewandert. Sich selbst denunziert sie für ihre frühere Liebe zu ihm gleich mit: Als sei es typisch „weiblich", sich von so einem malträtieren zu lassen und ihn dafür zu lieben. Zugleich identifiziert sie sich als Tochter, als Frau, mit den Opfern deutscher Nazis, den Juden. In einer Orgie wütenden Hasses wird ihre Liebe zu ihm umgebracht. „Daddy, Daddy, du Bastard, mit dir bin ich fertig", – so ungefähr lautet die Übersetzung der Schlußzeile des als Ganzes, wegen seiner virtuosen Reimspiele, wohl unübersetzbaren Gedichts. Miterledigt mit „Daddy" wird der Ehemann, den das Gedicht mit dem Vater zu einer schwarzen, teuflischen Gestalt zusammenfaßt. Dabei dokumentiert das ganze Gedicht das Gegenteil von Loslösung: die frühere Erhöhung ins Großartige und die Anbetung sind nur umgekippt in die rasende Verachtung einer, die sich der früheren Anbetung schämt und sich für Erlittenes rächt.

Das ist ein wütendes Kunst-Stück und gewiß nicht Wort für Wort als Bekenntnis-Lyrik zu lesen. Nur soviel ist evident: Daß für diese Autorin „Vater" ein Schreibanlaß von unerschöpflicher Brisanz war, als getrübte Erinnerung, als Modell aller Erfahrungen von Verlust und Verrat, als Sehnsucht und Wunsch, und nicht zuletzt als Bild vom Mann.

*

Ich kenne nur noch eine Autorin, für die das in vergleichbarem Maße gilt. Es ist die Österreicherin Ingeborg Bachmann, die ebenso wie Sylvia Plath nur einen abgeschlossenen Roman hinterlassen hat, „Malina", und die den Roman der Amerikanerin früh kennengelernt und sogleich zu schätzen gewußt hat. Einige seiner Motive hat sie sich offensichtlich anverwandelt. In „Malina" ist das mittlere Kapitel – „Der dritte Mann" – mit einer Vorrede versehen. Sie warnt vor einer Gleichsetzung mit Biographischem. „Es ist ein Ort, der heißt Überall und Nirgends. Die Zeit ist nicht heute. Die Zeit ist überhaupt nicht mehr, denn es könnte gestern gewesen sein, lange her gewesen sein, es kann wieder sein, immerzu sein, es wird einiges nie gewesen sein."

Nicht von dieser Welt, – so wird das vorab gekennzeichnet, was dieses Kapitel erfüllt – und das ist furchterregend genug, so daß die Versicherung der Erzählerin nottut: „Es sind die Träume von heute nacht." Es sind Albträume der Erzählerin von einem, der „mein Vater" genannt wird. Was dieser Name versammelt, ist nun allerdings entgegen den Versicherungen am Anfang nur allzu sehr von dieser Welt: lauter Vater-Berufe – „Es geht alles nach seinem Willen". Das Familien-Oberhaupt ist Dirigent, Filmregisseur, Opernkomponist, der größte Sonntagsprediger weit und breit, Modeschöpfer – wobei aus „Wintermode" sogleich „Wintermorde" werden –, aber auch ewiger Krieger, Gaskammer-Beschikker, Mörder mit Eis und mit Feuer, Lawinentreter – „Ich komme unter die Lawine meines Vaters", Schlächter, Henker, Nazi. Keine

Verdienste. Heldentaten als Gewaltakte. Der Täter heißt immer: „mein Vater". Das Opfer heißt immer: Ich, die Tochter.

Die Radikalität eines Alptraums herrscht hier: Es gibt keine versöhnlichen Zugeständnisse, keine entlastende Pietät, die darauf hinwiese, daß er es doch gutgemeint habe, keinen Grund zur Dankbarkeit. Jeder der mehr als zwanzig Träume zeigt die Figur, die „mein Vater" heißt, in einer anderen beherrschenden Rolle, in anderen zerstörerischen Akten. Es ist eine Quäl-Orgie, mit Blut und „Blutschande", in der die Erzählerin die Phantasie von „mein Vater" einzig darauf gerichtet sieht, die Tochter zu berauben – mit immer anderen Mitteln der Sprache zu berauben, der Stimme, ihrer Bücher, ihrer Schrift und sie körperlich zu vernichten, bis auch sie ihren Platz finde auf dem „Friedhof der ermordeten Töchter", auf den hin gleich der erste Traum ein übergroßes Fenster weit öffnet.

Und die Tochter? Immer nur Opferlamm?

So eindeutig zerstörerisch der Vater gegen sie vorgeht, so uneindeutig sind ihre Reaktionen. Auch das macht ja das Entsetzliche von Alpträumen aus: daß die Opfer nicht weglaufen können, daß sie in Furcht erstarrt sind. Es gehört zu den psychischen Mechanismen, über die der Wille nichts vermag, daß es auch eine für Außenstehende unnachvollziehbare innere Bindung der geschundenen, schuldlos bestraften Tochter an ihren Peiniger gibt. Denn die Tochter dieser Träume ist nicht nur gelähmt, sie ist auch unentschieden. Sie sagt „nein" in allen ihr bekannten Sprachen, sie sagt: „Ich hasse dich" – fügt aber zu ihrem eigenen Entsetzen hinzu: „mehr als mein Leben".

Sie findet einen Brief von sich, dessen Anfang lautet: „Mein geliebter Vater, du hast mir das Herz gebrochen." Es ist eine Szene, die unter Krokodilen spielt: „Krakkrak gebrochen damdidam meines gebrochen mein Vater krak krak rrrak dadidam". Damit geraten wieder surrealistische Töne in den tödlichen Ernst des Geschehens, zu dem, wie ein Tagesrest im Traum, der Ruf gehört, der den Briefausschnitt beendet: „ich liebe Ivan, mein geliebter Vater."

Sie sagt beschwörend: „So kann mein Vater nicht sein. So darf mein Vater nicht sein."

Sie geht während seiner verfluchenden Predigt zu dem Weihwasserbecken der Katholiken und benetzt ihre Stirn: „im Namen des Vaters".

Sie schützt ihn gegenüber der Polizei, sie legt sich neben ihn, in die Verwüstung: „denn hier ist mein Platz".

Sie setzt sich zur Wehr und zahlt ihm einmal mit Wurfgeschossen zurück, sie nimmt ihm ihren Stab weg, auf den sie ihren Doktor-Eid an der Wiener Universität geschworen hat; mit dem kann sie übers Wasser gehen – und er kann ihr nicht folgen.

Sie hält sich an ihre Gegenväter: an Kleist und Hölderlin – „dich Erde, lieb ich, trauerst du doch mit mir" –, an philosophische Texte von Nietzsche und Heidegger; sie hält sich an ihre eigenen „männlichen" Kräfte unter den Namen der beiden Männer, mit denen sie zusammen ist.

Die Mutter kann hier wieder einmal keine Gegengewalt gegen den Vater für die Tochter sein; der Vater hat auch das Gesicht der Mutter für sie. „Warum wohl? Wenn jemand alles ist für einen anderen, dann kann er viele Personen in einer Person sein."

Es ist die Vater-Welt als zerstörerische wie in Sylvia Plaths „Daddy"-Gedicht, ausgeweitet auf ein Roman-Kapitel. Eine Tochter-Stimme behauptet sich zuletzt, jetzt ist sie endlich zu hören: „Und ich sage weithin, weil wir immer weiter auseinanderkommen und weiter auseinander und weiter:

Ich weiß, wer du bist.

Ich habe alles verstanden."

Sie nimmt den Namen „mein Vater" am Ende zurück. „Ich habe es doch nicht sagen wollen, aber man kann doch nur erzählen, was man sieht, und ich habe dir genau erzählt, wie es mir gezeigt worden ist."

Es ist eine Vorstellung von einer Tochter als Lieblings-Opfer eines Vaters, ausgeweitet bis in die Dimensionen von Geschichte, bis es nichts mehr gibt auf der Welt, was nicht Vater ist. Und das heißt hier am Ende: immer Krieg.

Dies war ein Alptraum. Und: Aus Alpträumen gibt es ein Erwachen.

# Absage an König Lear

Es gibt so manche Geschichte von der launischen Willkür einer Mutter, die das eine Kind dem andern vorzieht. In der Welt der Märchen ist das vorgezogene Kind in aller Regel das eigene, meist garstig anzusehen und von entsprechend unliebenswürdigem Charakter, während das zurückgesetzte und abgelehnte, lieblichen Aussehens und Wesens, das Stiefkind der Mutter ist. Und am Ende heiratet dieses in Wiedergutmachung aller vorangegangenen Widrigkeiten den Königssohn. Was ich allerdings in keinem Märchen gefunden habe, ist eine Mutter, die von ihren Töchtern eine Liebesprobe verlangt und diejenige, die sie nicht besteht, mir nichts, dir nichts verstößt. Das ist Vorrecht einzig des Vaters.

So berichtet im Grimmschen Märchen „Die Gänsehirtin am Brunnen" die Königin dem jungen fremden Mann vom Geschick ihrer jüngsten Tochter, der schönsten: Daß der König seine drei Töchter vor den Thron hatte kommen lassen, um ihnen mitzuteilen, er wolle heute bestimmen, was eine jede nach seinem Tode erhalten solle. Das jedoch wolle er von ihrer Liebe zu ihm abhängig machen – genau gesagt: vom Ausgang eines verbalen Wettstreits. Der König hatte dekretiert: „Ihr alle habt mich lieb, aber welche mich von euch am liebsten hat, die soll das Beste haben". Auf ihre Beteuerungen hin fordert er: „Könnt ihr mir's nicht ausdrücken, wie lieb ihr mich habt? Daran werde ich's sehen, wie ihr's meint." Die beiden älteren nehmen das Befremdliche und im Grunde Lachhafte dieser Aufforderung wohl gar nicht wahr, jedenfalls wissen sie von keinem Widerstand. Willfährig vergleicht die eine ihre

Tochterliebe mit dem süßesten Zucker, die andere mit ihrem schönsten Kleid. Wenn wir wollen, können wir auch feststellen, daß sie sich in keine großen Unkosten stürzen. Sie mögen denken: „Gut, wenn der Alte solch einen Schwachsinn von uns verlangt, soll er ihn haben." Offensichtlich ist es wirklich genau das, was er hören will: die simpelste Schmeichelei. Allein die Jüngste spielt nicht mit. Sie scheint die Zumutung zu empfinden, die darin liegt, ein starkes Gefühl auf Befehl im Maßstab trivialer Äußerlichkeiten auszudrücken, und etwas Unvergleichliches dadurch herabzuwürdigen, daß man es vergleicht. Sie macht auf diese indirekte Weise offenkundig, wieviel ihr der Vater bedeutet.

Und an dieser Stelle müssen wir einblenden die Reaktion einer anderen jüngsten Tochter von dreien, an die ein königlicher Vater genau dieselbe Zumutung gerichtet hatte. Ist es nicht bemerkenswert, daß mit eben dieser Konstellation Shakespeares Tragödie vom Anfang des 17. Jahrhunderts, „König Lear", einsetzt? Dabei war die Mär vom greisen König, der vor seiner Abdankung die drei Töchter zu solch einem absurden Wettstreit zusammenruft, ehe er sein Reich an sie verteilt, Shakespeare schon aus älteren Chroniken, Geschichten und Dramen in England bekannt. Die jüngste Königstochter, die bei Shakespeare einen Namen hat, Cordelia, verhält sich wie die namenlose Jüngste in unserem Märchen: Sie schweigt.

Im Märchen läßt der Vater nicht locker, und die Jüngste versucht noch einmal abzuwehren: „Ich weiß es nicht und kann meine Liebe mit nichts vergleichen." Ganz ähnlich weigert sich Cordelia: „Ich Unglücksel'ge, ich kann nicht mein Herz / auf meine Lippen heben". Aber der König wäre nicht der König, wenn er von einem einmal gefaßten Vorhaben abließe. Nicht zu erbitten, das heißt wahrhaft unerbittlich, beharrt er auf seinem Willen. Da ist keinerlei Wechselseitigkeit vorgesehen, keine töchterliche Rückfrage auch nur denkbar – etwa der Art: „Und wie sehr liebst du mich, wenn du mir hier etwas abforderst, was mir so sehr widerstrebt? Kann das Liebe sein, wenn du mir hier in aller Öffentlichkeit Gewalt antust?"

Nein, solch eine Widerrede ist nicht überliefert, weder im Trauerspiel um König Lear und Cordelia noch im Märchen von König Namenlos und seiner jüngsten Tochter. Da der Vater nicht zu erweichen ist, tut auch die jüngste Tochter ihm denn also den Willen und spricht. Gleichzeitig – wiederum in beiden Ausformungen dieser Geschichte – bleibt sie ihrem Gefühl treu. Sie verrät es nicht durch süßliche Schmeichelrede; sie redet dem Vater nicht nach dem Munde. In diesen alten Geschichten wird nichts kommentiert und erklärt. Die Handlung allein spricht es aus: So nahe steht ihr der Vater, daß sie, im Unterschied zu den Schwestern, einer Laune von ihm nicht das Bild opfern kann, das sie von ihm – und von ihren Gefühlen für ihn – in ihrer Seele trägt. Sie scheint immer noch darauf zu vertrauen, daß ihr vom geliebten Vater in Wirklichkeit gar nichts Böses drohen kann. Sie scheint sich letztlich darauf zu verlassen, daß er das grausame Spiel nicht bis zum bitteren Ende durchhalten wird. So raspelt sie also nicht Süßholz. Im Gegenteil.

„Aber der Vater bestand darauf, sie müßte etwas nennen. Da sagte sie endlich: ‚Die beste Speise schmeckt mir nicht ohne Salz, darum habe ich den Vater so lieb wie Salz'". Shakespeares Cordelia ist von genau derselben Geistesart, dieser Jüngsten im deutschen Märchen viel eher schwesterlich verwandt als ihren leiblichen Schwestern im englischen Drama. Sie sagt in kargen Worten, daß sie den Vater gewißlich liebe und verehre, und zwar genau so, wie es diesem Verhältnis gemäß sei, – keineswegs jedoch „über alles in der Welt", also keineswegs mehr, als sie einmal ihren Mann lieben werde.

Im Märchen geschieht nun genau dasselbe wie bei Shakespeare: Der Vater kehrt den Alleinherrscher heraus, den Despoten. Es gibt keine appellierende Instanz, keine begütigende Einrede, keine Revision. Das einmal ausgesprochene Begehren des Vaterkönigs behält unbedingt das letzte Wort. Er allein ist es, der die Bedingungen diktiert. Die Tochter eines solchen Vaters ist immer Objekt seines Willens, immer rechtloses Opfer.

An dieser Stelle muß ich zumindest vorgreifend darauf hindeuten: In dieser äußersten Selbstherrlichkeit des Vaters ist in letzter Konsequenz auch die Vergewaltigung im engeren Sinne der jungen Tochter mitbegründet.

In unserer Geschichte, wie sie das Grimmsche Märchen erzählt und Shakespeares Stück auf die Bühne stellt, demonstriert der enttäuschte Vaterkönig seine unkontrollierte Wut – mitsamt seiner unkontrollierten Macht, die Tochter buchstäblich zu vernichten. Im Märchen geht das so vor sich:

„Als der König das hörte, geriet er in Zorn und sprach: ‚Wenn du mich so liebst als Salz, so soll deine Liebe auch mit Salz belohnt werden.' Da teilte er das Reich zwischen den beiden ältesten, der jüngsten aber ließ er einen Sack mit Salz auf den Rücken binden, und zwei Knechte mußten sie hinaus in den wilden Wald führen." Nicht minder mörderisch geht Shakespeares König mit seiner geliebtesten Tochter um, die er zuvor „meine Freude" genannt hatte. Er läßt sie spüren, daß es im Grunde sein Wille und ihr Gehorsam sind, die er liebt, denn in rasender Plötzlichkeit schlägt seine Bevorzugung der Jüngsten um in vernichtenden Haß, sobald er über sie nicht als über seinen Besitz verfügen kann. Wiederum steht es einzig dem Vaterkönig zu, seine Gefühle voll auszuleben, und Shakespeare kann das in seinem Stück wortreich auskosten, wo sich das Märchen spröde und lakonisch zurückhält. Zunächst vergewissert sich Lear fast ungläubig:

„Lear: ‚So jung und so unzärtlich?'" Und als Cordelia dann zurückgibt: „‚So jung, mein Vater, und so wahr'", – da läßt er seinen Gewaltphantasien freien Lauf:

Lear: „Sei's drum. Nimm deine Wahrheit dann zur Mitgift:
Denn bei der Sonne heil'gem Strahlenkreis,
Bei Hekates Verderben, und der Nacht,
Bei allen Kräften der Planetenbahn,
Durch die wir leben und dem Tod verfallen,
Sag' ich mich los hier aller Vaterpflicht,

Aller Gemeinsamkeit und Blutsverwandtschaft,
Und wie ein Fremdling meiner Brust und mir
Sei du von jetzt auf ewig. Der rohe Scythe,
Ja, der die eignen Kinder macht zum Fraß,
Zu sätt'gen seine Gier, soll meinem Herzen
So nah stehn, gleichen Trost und Mitleid finden,
Als du, mein weiland Kind."

Auf englisch heißt das: „my sometime daughter", etwa: meine einstige, meine zeitweilige Tochter. Und in diesem Ausdruck wird unmißverständlich festgestellt, daß es offenbar kein Naturrecht auf ein Tochter-Sein gibt. Wir werden diesem bemerkenswerten Sachverhalt bei anderen berühmten Töchtern der Weltliteratur wiederbegegnen. Der Vater hat die Macht – und das Recht, seine Tochter zu verstoßen, dem Tode auszuliefern, ihr den Tochter-Status abzusprechen.

In Märchen, Sagen und Mythen unseres Kulturkreises – das hat man erforscht – ist demgegenüber kein Beispiel dafür überliefert, daß sich eine Tochter zu seinen Lebzeiten vom Vater lossagt oder ihn gar ermordet. Realer wie symbolischer „Vatermord" war ein Privileg der Söhne.

Weder die Märchentochter noch Cordelia können sich wehren. Sie sind wie gelähmt durch das perverse Begehren des geliebten Vaters. Was sie lähmt, ist die Frage: Kann denn überhaupt pervers sein, was er will? Ist er nicht der Rechtsprecher, ja, der Setzer von Recht und Unrecht? Seine Rolle als Vater scheint wie prädestiniert für die Königsrolle, der von Frühzeiten an etwas von göttlicher Aura eigen war. Wie wehrt man sich gegen einen Gott? Ist Sich-überwältigen-Lassen nicht die einzig angemessene Haltung einer Sterblichen? Mythen, Sagen, Märchen – die Dichtung ist voll von dieser weiblichen Fügsamkeit unter dem Bilde von Vaters Tochter. Wo sollen dieser Fügsamkeit Grenzen gesetzt werden? Woher soll die junge Tochter Eigenständigkeit, Mut und Kraft für das Nein nehmen? Die Mutter hätte es ihr vorleben müssen, aber in unseren Geschichten ist die Mutter zumeist lange tot oder

bei kann ein solcher Wettbewerb unter den drei Töchtern doch nichts anderes zutage fördern als den Grad ihrer Beredsamkeit sowie ihrer Bereitschaft zu so etwas Verlogenem wie Spontaneität auf Befehl. Die reine Heuchelei. Entwaffnend naiv nimmt er sie für bare Münze.

Daß der Vater in Gebe-Laune war, gehörte zu seinen Vorrechten: Er pflegt der einzige zu sein, der über materiellen Besitz verfügt. Im Wegschenken noch demonstrierte er, wer der Herr über die Güter ist. Wie alle Gewaltherrscher war er zu verblendet, um erkennen zu können, daß gerade im Widerstand der Jüngsten ein Appell an ihn laut wird, an ihn als Vater. Er müßte jetzt den Code wechseln und sich besinnen auf seine Gefühlsverbundenheit. Die spärlichen Andeutungen lassen es ahnen, daß ihm die Jüngste die Liebste ist. Wozu dann das ganze Theater? Aber gerade in diesem Moment, in dem er die Grundlagen seiner Macht, den Besitz, abgibt, muß er sich des uneingeschränkten Besitzrechts über seine Töchter noch einmal öffentlich, vor Zeugen, vergewissern. Er kann den Code nicht wechseln. Er ist immer noch der Patriarch. Sie können alles von ihm haben, vorausgesetzt, er kann alles von ihnen haben. Wer nicht aufs Wort pariert, wird aller Rechte beraubt, auch des Rechts, „Tochter" zu heißen. Mit seinem letzten Auftritt hat er für die beiden Älteren seine Rolle ausgespielt. Sie kassieren ihr Erbteil und jagen ihn bald zum Teufel.

Ich gehe diesen alten Geschichten so aufmerksam nach, weil ich den Eindruck habe, auf einer heißen Spur zu sein: Daß uns diese archaischen Geschichten mit ihren überdeutlich konturierten Konstellationen zu einer Einsicht verhelfen, die wir auf andere Weise nicht gewinnen können.

Vater-Sein zu entmischen, abzulösen von patriarchaler Versorgungs- und das heißt auch: Verfügungsgewalt, gelingt in den frühen Geschichten nicht. Vater-Sein ist in ihnen unlöslich verbunden mit absoluter Macht, die sie, unkontrolliert, so oder so gebrauchen können. Das liegt auf dem Namen „Vater" noch immer als Last, als Schwere, als Versuchung.

In jenen Frühzeiten war auch der Herrscher ohne Herrschaft als Vater – wenn es mit rechten Dingen zuging – der Dienste wenigstens eines Menschen unbedingt sicher: der Tochter, wie es beispielsweise, im 5. Jahrhundert v. Chr., Sophokles in seiner letzten Tragödie, „Ödipus auf Kolonos", vorgestellt hat.

Vielleicht hat Shakespeare seinem alten König Lear dies Bild als Wunsch-Traum hinter seinem absurden Arrangement mitgegeben: wie die Tochter Antigone ihren Vater Ödipus durchs Exil geleitet. Dem haben die Götter übel mitgespielt. Er ist schuldlos schuldig geworden und hat sich selbst die Augen ausgestochen, um nicht mehr sehen zu müssen, da er sehend so verblendet war, nicht wahrhaben zu wollen, daß er seinen Vater erschlagen und mit seiner Mutter vier Kinder gezeugt hatte. Antigone ist eines von ihnen, die Frucht des vom Orakel vorhergesagten Inzestes. Sie stellt viel mehr als nur ihr Sehvermögen und ihren stützenden Arm in seinen Dienst: Sie widmet ihm ihre ganze Existenz. „Du liebes Kind des blinden alten Manns, Antigone", so redet Ödipus sie in der ersten Zeile des Stückes an und hat damit alles über sie ausgesagt, was über sie zu wissen nötig ist. „Vater, laß helfen! Setze nur ruhig / Den Fuß vor den Fuß!" sagt die Tochter. „Stütze den alten Leib / Auf meinen liebenden Arm!" Er ist der gefallene Mächtige, der seiner Rechte beraubte Herrscher, gleich wird er seine Geschichte erzählen in dem Land, das ihm Exil gewähren soll. Er hat seine Geschichte als Erdenschwere, so furchtbar sie ist und so sehr die Schwere auf ihm lastet. Die Götter haben ihn zu einem gräßlich Bestraften, einem Verfluchten gemacht. Am Ende werden sie ihn in die Heiligkeit entrücken. So ist er immer noch sehr vieles, und unter diesem vielen ist er auch Vater. Antigone ist nichts als dies eine: Tochter.

In einem früher entstandenen, im mythischen Handlungszusammenhang später spielenden Stück von Sophokles, das ihren Namen trägt, wird Antigone selbst ein Schicksal haben: als die Schwester, die gegen das Königsgebot mutig den Bruder begräbt und dafür in den Tod geht. Diese „Antigone" ist überaus bekannt geworden. Halten wir demgegenüber fest, daß eine mythische Frauengestalt mit Namen Antigone in jenem letzten Stück des Sophokles die Rolle spielt, die Töchtern bis in unsere Gegenwart hinein, sei's in der Literatur, sei's im Leben, immer aufs neue auf den Leib geschrieben wird: Stecken und Stab ihrer alten Mutter zu sein oder ihres alten Vaters, der sich an nichts anderes erinnert als an seine eigene Geschichte.

Zurück zum König-Vater mit den drei Töchtern. Sowohl im Märchen wie bei Shakespeare kann er diesen letzten Akt seiner Selbstherrlichkeit nur einen kurzen Augenblick lang genießen. Er bereut sie bald bitter. Einsicht des Königs und Wiedergutmachung an der Jüngsten im Sinne eines Happy End kommen spät im Märchen, sie kommen zu spät in Shakespeares Drama.

Dieses große Gleichnis für die Personalunion von Vater und Herrscher und für die gar nicht auszulotenden Tiefen der zwar wechselseitigen, aber asymmetrischen Abhängigkeiten von Vätern und Töchtern hat Geschichtenerzähler immer gereizt.

Es gibt eine pfiffige, knappe Variante des Märchens in der Handschriftlichen Sammlung der Brüder Grimm, „Prinzessin Mäusehaut", in der am Ende dem Königsvater beim Festmahl nur Speisen vorgesetzt werden, in denen das Salz fehlt, „so daß er unwillig wird und spricht, er wolle lieber nicht leben, als solche Speise essen." Auch hier ist der Königsvater durch Appelle prinzipiell nicht umzustimmen gewesen und nur auf praktische Weise darüber zu belehren, wie sehr er sich mit dem Mißverständnis des Vergleichs seiner Jüngsten – „Ich liebe dich wie Salz" – blamiert hatte.

*

In unserer Zeit werden von den alten Geschichten viele noch einmal erzählt. So hat die Amerikanerin Jane Smiley 1991 mit dem Roman „Tausend Morgen" die alte Geschichte von König Lear noch einmal und auf ihre Weise erzählt. Hier ist der Vater ein mächtiger Maisfarmer im Mittelwesten der USA, der urplötzlich seinen Besitz von tausend Morgen bestem Maisland unter seinen drei Töchtern aufteilen will. Auch dieser Vater ist von der königlichen Art, eine furchteinflößende, massige Gestalt, ein Mann einsamer Entschlüsse, von eisernem Willen. Fast hätte ich geschrieben: von unerforschlichen Ratschlüssen, denn die älteste Tochter, Ginny, die die Geschichte erzählt, stiftet durchaus diesen Zusammenhang. Unbegreiflich erscheint ihr der Vater, und das ist nur ein anderer Ausdruck dafür, daß er ihr in all seiner Macht überdimensional und entrückt erscheint: wie Gott. „Vielleicht gibt es eine Distanz, die die optimale Entfernung darstellt, aus der man seinen Vater sehen sollte, weiter als über den Abendbrottisch hinweg oder quer über den Raum, irgendwo in mittlerer Distanz: Bäume oder die geschwungene Linie eines Hügels machen ihn klein, aber seine typischen Merkmale sind noch sichtbar, seine Körpersprache ist noch deutlich. Nun, das ist eine Distanz, die ich nie gefunden habe."

Sie erinnert sich daran, wie sie immer Angst hatte, ihn überhaupt nur ins Auge zu fassen. Er schlug sie unbarmherzig, wenn ihm Züchtigung am Platze schien. Gleichzeitig war sie ungeheuer stolz auf ihn: Er hatte sich in eigener Anstrengung zielstrebig und erfolgreich die größte Farm erwirtschaftet.

Auf seine gänzlich unerwartete Ankündigung, diesen riesigen Besitz jetzt schon unter den Töchtern aufzuteilen, reagieren die beiden älteren, Ginny und Rose, willfährig mit Beifall. Die jüngste, Caroline, erlaubt sich ein hinhaltendes „Ich weiß nicht". Sie ist Anwältin und hat begreiflicherweise kein Interesse daran, Land zum Bewirtschaften zu erben. Als sie ihren Vorbehalt nur eben angedeutet hat, mit diesem „Ich weiß nicht", kommt die herrscherliche Geste des Vaters prompt: „‚Du willst nicht, mein Kind, also bist du raus. So einfach ist das.' Dann schob er sich aus seinem Stuhl hoch, polterte an mir vorbei hinaus in die Dunkelheit."

Aber so reizvoll es ist, das alte Muster immer wieder durchscheinen zu sehen, und im ungewohnten Zusammenhang die überlieferte Konstellation immer wieder aufzuspüren und Motive in Variationen wiederzuerkennen, von denen das Urbild noch nichts ahnen konnte – weit anrührender als alle die Parallelen zu König Lear und seinen Töchtern sind für mich in dem Roman „Tausend Morgen" die Abweichungen, die eine Autorin von heute an dem alten Modell vornimmt, die neuen Akzente, die sie setzt.

Ihr geht es nämlich nicht eigentlich um die eigenwillige, aufmüpfige Jüngste, die zunächst verstoßen und am Ende glänzend rehabilitiert wird, obwohl sie auch davon erzählt. Aber das war ja zu erwarten gewesen. Erregender ist das Unerwartete, das sie in dem alten Stoff findet. Da tritt die Vorgeschichte und da treten die beiden zunächst einverstandenen, angepaßten älteren Schwestern aus dem Hintergrund nach vorn; sie hatten viel länger mit dem Farmer-Vater zusammen gelebt als die Jüngste, und sie waren dann auch weiter bei ihm geblieben, nachdem er jene verstoßen hatte.

Und jetzt will ich das Thema nicht mehr umgehen, auf das hin ich die Geschichte von König Lear von Anfang an pointiert habe. Es ist die gewalttätigste Form, die die Vereinnahmung und Bemächtigung der Tochter durch den unkontrollierten Vater annehmen kann. Inzest. Nach jahrhundertelangem Schweigen werden – in einzelnen Fällen zumindest – jetzt die Mauern niedergelegt und die Dämme gesprengt, in deren Schutz vorher desto ungestörter getan werden konnte, je „peinlicher" es war, darüber zu sprechen. Etwa seit den 80er Jahren versuchen – bei unvoreingenommenem Hinsehen: einzelne wenige – Frauen immer aufs neue, für sich herauszufinden, zu begreifen und auszudrücken, was sie mit ihrem Vater erlebt haben.

Die Autorin versteht es, an der Erzählerin ihres Romans stellvertretend zu zeigen, daß die Rede dieses Geschehen flieht, sich ihm widersetzt. Eine allein kann es eigentlich gar nicht schaffen, dieses Aufspüren von Unerwünschtem, Tabuisiertem am eigenen Leibe. Wie es auch Sylvia Fraser – „Meines Vaters Haus" – versucht, durch eine Spaltung ihrer Person in zwei, zuerst schon beim Erleben, und dann beim Vergegenwärtigen, so gibt es auch im Roman „Tausend Morgen" einen Dialog, wenn dieses Thema berührt wird. Davon läßt sich nicht erzählen wie von irgendeinem anderen dramatischen Geschehen zwischen Vater und Tochter. Wie harmlos mutet dagegen das Verlangen des Vaters an, ihm bildlich zu sagen, wer ihn am liebsten habe. Die Erzählung von heute spürt dahinter das andere auf: etwas Verschwiegenes, Verborgenes, lange Verdrängtes, das erst mühsam wieder hervorgeholt werden muß. In den alten Geschichten ist davon allenfalls verharmlosend oder in irreführender Verschlüsselung die Rede gewesen.

So begehrt in dem Grimmschen Märchen „Allerleirauh", wie in dem sizilianischen von der „Betta Pilusa", zwar ein Vater seine Tochter offen zur Frau, aber das geschieht gewissermaßen auf Wunsch seiner verstorbenen Gemahlin. Die hatte ihm vor ihrem Tode noch das Versprechen abgenommen, keine Frau zu heiraten, die weniger schön sei als sie, und dann gab es nun einmal weit und breit kein zweites Mal solch eine ausgezeichnete Schönheit – außer eben der Tochter jener schönen Verstorbenen, seine eigene Tochter. In der weitverbreiteten ersten Gesamtausgabe der Grimmschen Märchen von 1819 heißt es harmlos, daß der König einmal seine Tochter „ansah"; in der originalgetreueren älteren Fassung des Märchens heißt es dagegen ungemildert: „Da warf der König einmal die Augen auf seine Tochter, und wie er so sah, daß sie ganz ihrer Mutter glich und auch ein so goldenes Haar hatte, so dachte er, du kannst doch auf der Welt niemand so schön finden, du mußt deine Tochter heiraten, und fühlte in dem Augenblick eine so große Liebe zu ihr, daß er gleich den Räten und der Prinzessin seinen Willen kund tat." Die Tochter aber hält ihn zunächst listig hin, indem sie kaum zu erfüllende Bedingungen stellt. Die ältere Märchenfassung ist auch im folgenden deutlicher und läßt Anstößiges zu, das die Brüder Grimm später strichen. Nämlich, daß der König alles von der Prinzessin Geforderte in Windeseile deshalb herbeischaffen ließ, weil er „so heftig in seiner Begierde" war, und daß die Tochter bereits einen Bräutigam hatte. Sie macht sich dann couragiert auf und davon, in der Nacht vor der anberaumten Hochzeit. Zu guter Letzt gewinnt sie ihren Bräutigam zurück, gerade mit Hilfe der Kleider, die sie dem Vater abverlangt hatte, sowie mit Hilfe der Geschenke, die sie vom Bräutigam erhalten hatte. Und von dem begehrlichen Vater ist nicht mehr die Rede.

Auch in Shakespeares Tragödie von König Lear findet sich ein Zug, der den Vater zu Cordelia, der Jüngsten, in eine Nähe rückt, die nicht recht ins Bild passen will. Als der inzwischen ganz verwahrloste, verwirrte alte Lear mit Cordelia durch die beiden bösen Töchter ins Gefängnis geworfen wird, ist er überschwenglich glücklich. Erst jetzt, da ihm alles geraubt ist, hat er einen Sinn für den Schatz entwickelt, den er in seiner Tochter besitzt. Er will auf Erden nichts anderes mehr, als mit der geliebten Jüngsten zusammen sein:

Lear: „Komm fort! Zum Kerker fort! –
Da laß uns singen, wie Vögel in dem Käfig.
Bitt'st du um meinen Segen, will ich knien
Und dein Verzeih'n anflehn; so woll'n wir leben,
Beten und singen, Märchen uns erzählen,
Und über goldne Schmetterlinge lachen.
Wir hören armes Volk vom Hofe plaudern,
Und schwatzen mit; wer da gewinnt, verliert,
Wer in, wer aus der Gunst; ...
Hab ich dich?
Wer uns will trennen, muß mit Himmelsbränden
Uns scheuchen wie die Füchse".

Der alte Vater redet zur jungen Tochter wie zu einer Geliebten. Als sie ermordet worden ist, trauert er um sie wie um eine Geliebte; er läßt ihr die Kleider öffnen und weist auf die Reize des jungen Körpers:

„Ich bitt' euch, knöpft hier auf! – Ich dank euch, Herr!
Seht ihr dies? Seht sie an! – Seht ihre Lippen,
Seht hier, – seht hier! –"

Entweder Willkürherrscher – oder Liebhaber. Zum Vater bringt Lear es nicht.

So verlagert die Erzählerin der Lear-Geschichte das Interesse zurück in die Kindheit der Töchter; sie glaubt nicht, daß alles erst mit dem Ende angefangen habe. Sie fragt und fragt weiter in die Vorgeschichte hinein, solange, bis nicht mehr genau auszumachen ist, was „das Alte" an dieser Geschichte ist und was „das Neue". Denn als „alte Geschichten", die immer wieder neu erzählt werden müssen, haben sich Geschichten von Vätern herausgeschält, die ihre Töchter begehren. Nicht Töchter sind es, die aus reiner Bosheit dem Vater Gewalt antun wie die beiden ältesten des König Lear, sondern der Vater war es, der seinen beiden ältesten Gewalt angetan hat, als sie alle noch jung waren.

Und wenn Töchtern vom Vater Gewalt angetan wurde, so stellt sie sich dem unvoreingenommenen Forschen öfter, als das für möglich gehalten wird, als sexuelle Gewalt heraus. Macht korrumpiert, Macht wird leicht mißbraucht, und wie umfassend die väterliche Macht über die Tochter ist, davon handeln die meisten der hier vorgestellten Texte. Machtmißbrauch der Tochter gegenüber zielt letztlich auf den Mißbrauch der Tochter. So tritt es in vielen Erzählungen, mit denen Frauen zurückgehen in ihrer Geschichte, zutage, ob wir es hören wollen oder nicht. Und das Wort „tritt zutage" suggeriert eine Leichtigkeit, die solch einer Reise in die eigene Vergangenheit durchaus fehlt. Es wird mühsam und unter Widerständen zutage gefördert.

Wie leben- und weltverändernd nicht nur, wie ineins damit persönlichkeitsverändernd die Überwältigung körperlicher und seelischer Grenzen ausgerechnet durch den Vater für ein junges Mädchen ist, wird aus der Sicht der Erzählerin, der ältesten Tochter Ginny, aufs eindrücklichste vermittelt. Und zwar gerade dadurch, daß sie das ihr Angetane die ganze Zeit, damals und auch später, nicht hat wahrhaben wollen, daß sie es aus ihrem Bewußtsein und ihrem Gedächtnis verdrängen mußte. Erst ihre Schwester Rose eröffnet es ihr, die resolutere und offenere, die die zweite gewesen war, die der Vater immer wieder, seit dem Tod der Mutter, nachts in ihrem Zimmer besucht hatte. Rose will ihre tiefsitzende, wilde Erbitterung über das unerhörte, jahrelang von ihr Erduldete endlich mit der Schwester teilen. Sie läßt nicht länger den Selbstbetrug, das beschönigende Nicht-wahr-haben-Wollen zu. Rose versucht, die ungläubig abwehrende Schwester von der Realität des damals Geschehenen zu überzeugen, es aus dem Dunkel ins Licht zu holen:

„Du hast ihm ebenso gehört wie ich. Für ihn gab es keinen Grund, seinen Besitz über mich mehr in Anspruch zu nehmen als seinen Besitz über dich. Wir gehörten einfach ihm, waren etwas, mit dem er tun und lassen konnte, was ihm gefiel, wie der Teich oder die Häuser oder die Schweine oder das Getreide auf den Feldern".

Wieviel Mut dazu gehört, das Erfahrene und Erlebte in allen Konsequenzen im Bewußtsein überhaupt als Bestandteil der eigenen Geschichte zuzulassen und nicht zu versuchen, es durch Verleugnen ins Ungeschehene zu verweisen, das demonstriert das jahrelange Widerstreben der Ältesten. Wenn sie schon dem Vater in der Realität nicht hatte widerstehen können, so konnte sie wenigstens Widerstand leisten gegenüber der Anerkennung dieser Tatsache. Sie konnte vorgeben, da sei gar nichts gewesen, also auch nichts Unzumutbares.

Es bedarf einer ganzen Reihe von unwillkürlichen Entdeckungen, als wenn sich langsam schwere Türen öffnen und plötzlich Licht einfällt in jahrzehntelang nicht mehr bewohnte Räume, ehe sich ihr tief verstörter Körper, ihre noch immer betäubten Sinne wieder zu erinnern wagen: Der Vater, der gott-ähnlich unerreichbare, gefürchtete, unerbittlich harte Vater kann heute überraschenderweise, in Ausnahmesituationen – und konnte also früher schon, in unheimlicher Heimlichkeit – auch mit weicher schmeichelnder Stimme bitten, zärtlich sein, und mehr als das: als drängender, fordernder Liebhaber nahe kommen, zu nahe kommen. Mit dem Ton der Rollenverwirrung, den Shakespeare erst dem alten wahnsinnigen König Lear in den Mund legt.

Die Trennung von Liebhaber und Vater scheint dem gesunden Menschenverstand eine Selbstverständlichkeit, die keines Wortes und erst recht keines Tabus bedürfe. Auch deshalb haftet für die Tochter, die mit dem Liebhaber-Vater konfrontiert ist, ihrer eigenen Erfahrung etwas ganz und gar Unglaubliches an, etwas Wahnhaftes, Phantasiertes, und zwar von ihr, dem Opfer, Phantasiertes. (Wie selbst Freud wider bessere frühere Einsicht später aufrecht erhielt.)

Es ist eines der bestgehüteten Geheimnisse; selbst der Körper der heranwachsenden, der erwachsenen Tochter tötet eher die eigene Sensibilität ab, als sich erinnern zu müssen. So will weder die älteste Tochter von dem etwas wissen, was die Schwester und sie selbst erlebt haben. Noch irgend jemand sonst. Wer darüber spräche, brächte einzig sich selbst in Mißkredit. Es ist doch wirklich nichts als peinlich.

Was die einzelne Geschichte darstellt, stellt weit mehr dar als etwas einzelnes; es drängt nach Verallgemeinerung. Gerade weil die Grenzen zwischen körperlicher Zärtlichkeit und nicht mehr zielgehemmtem sexuellem Begehren fließend sind, gerade weil der Vater so ungeheuren Einfluß hat und das junge Kind, wie wir immer wieder erfahren, ihn „von ganzem Herzen liebt", gerade deshalb gilt die Tautologie desto unbedingter: Ein Vater ist ein Vater. Wenn ich auch über markante Fragmente und Impressionen nicht hinausfragen will und die großen Schwierigkeiten bei einer zulänglichen Definition gerade der Sache gemäß halte, und wenn der Vater der Tochter auch vieles sein mag: ein Liebhaber im vollen Sinn des Wortes hat er ihr nicht zu sein. Und wenn es nur aus dem Grunde wäre – wie jedes diesem Thema gewidmete Buch zeigt: Weil nicht sie ihn wahrhaft frei wählen kann, sondern nur er sie. Denn sie ist in jeder Hinsicht die Kleinere, Schwächere, Abhängige, die ihn gar nicht wirksam und ohne Angst vor Sanktionen und Verlusten abweisen kann. Die „Sprachverwirrung" zwischen der „Sprache der Zärtlichkeit des Kindes und der Sprache der Leidenschaft des Erwachsenen" ist unvermeidlich. Da ist eben nicht, wie im Märchen „Allerleirauh", ein Bräutigam, dessen Geschenke die Tochter vor den Verführungen des Vaters zu schützen vermögen, da ist niemand, zu dem sie gehen kann. Wo Zuhause ist, ist Vater; Vater ist Zuhause.

Rose hat der Schwester Ginny auch das zu erklären versucht: Wie sie sich nicht vergewaltigt fühlte vom Vater, sondern verführt – aber auch erwählt, und wie sie gemeint hatte, es habe alles seine Ordnung, denn „er war doch derjenige, der die Regeln aufstellte".

Bei Shakespeare war der alte König Lear, der von den heuchlerischen älteren Töchtern schmählich im Stich Gelassene, das Opfer: Er hatte ihnen all seinen Besitz überschrieben, und sie trieben ihn in ihrer Lieblosigkeit hinaus in die „Elemente", die sturmgepeitschte Heide. Rührend soll er wirken, der Schutzlose, in seinem entblößten Zustand, seinem verwirrten Geist. Die prominentesten Schauspieler haben ihren Ehrgeiz darein gesetzt, Lear zu spielen als Krönung ihrer Bühnenlaufbahn, den König ohne Krone, den entmachteten Mächtigen. Da tritt die Autorin von heute geradewegs störend als Spielverderberin dazwischen: Sie entblößt Lear noch einmal, jetzt jedoch seiner rührenden Züge. Sie macht ausfindig, daß das Opfer auf der anderen Seite zu suchen ist: Es sind die älteren Töchter, alle beide. Die Autorin dekonstruiert die herrscherzentrierte Handlung, die dem Vater alles Mitgefühl reserviert.

Auch in der im Roman dargestellten dörflichen Welt ist der Vater gleichsam von Haus aus der Ehrenmann; wie könnte jemand daran zweifeln? Am allerwenigsten zweifelt er selbst daran. Daß ihm der kleine Fehler unterlief, die Jüngste nicht richtig einzuschätzen, nun, darüber wird doch angesichts aller seiner sonstigen Verdienste und der Zerrüttungen seines Alters längst hinweggesehen. Das ist doch längst vergeben und vergessen. Daß er seine

Macht über die beiden älteren mißbraucht hat, das bleibt in der Geschichte von dem Erbe der Tausend Morgen Maisland einzig das Wissen der Opfer. Bis zum Schluß ist er nicht zur Rede zu stellen, weiß nichts von Reue, hält sich als gebrochener alter Mann schmeichelnd einzig in der Nähe der Jüngsten.

Rose, die der Wahrheit ins Auge zu sehen vermag, stellt sogar die These auf, der Vater sei nur wahnsinnig geworden, um auf diese Weise der Verantwortung zu entkommen. Nun würden sie ihn nie mehr zur Rechenschaft ziehen können für alles, was er an ihnen verschuldet hatte. Daß er ihnen noch zu seinen Lebzeiten den Besitz überschrieben hatte, sieht sie als eine ihnen wahrhaft zustehende Vergütung an – eine Wiedergutmachung könne es ohnehin nicht geben. Anders als Rose schafft es die ältere Tochter Ginny immer noch nicht, ihn zu verurteilen, derartig eingeübt ist sie darin, die Welt aus seiner Perspektive wahrzunehmen:

– „Ich sagte: ‚Ich versteh Daddy nicht. Ich versteh ihn einfach nicht.'
– ‚Das sollst du auch gar nicht, kapierst du das nicht? Wo bleibt der Spaß, wenn er verstanden wird? …' Sie lachte wieder.
– ‚Ich will es aber.'
– ‚Ich nicht. Wie auch immer, ich versteh ihn ganz genau. Du machst alles viel zu kompliziert. Es ist simpel wie ein Kinderbuch. Ich will, ich nehm mir, ich tu's.'
– ‚Das reicht mir nicht. Ich kann nicht glauben, daß es so simpel ist.'
– ‚Ist es aber.'
– ‚Ich kann's mir nicht vorstellen. Wir sind seine Kinder!'
– ‚Ich sag dir, wenn du grübelst und grübelst und zu verstehen versuchst, bringt dich das keinen Schritt weiter. Du fängst an, die Dinge wieder aus seiner Sicht zu sehen, und du bist einfach gelähmt.'

Sie verstummte.

Sie sagte: ‚So hat er mich gekriegt, Ginny, verdammt noch mal! Die ganzen Jahre! Er redete. Er ließ mich die Dinge aus seiner

Sicht sehen! Er brauchte jemanden! Er brauchte mich! Ich war so gut für ihn! Er liebte mich, mein Haar, meine Augen, selbst meinen Mumm, auch wenn ihn das wütend machte'".

Das Märchenmodell von der wahrhaft liebenden Jüngsten, die zuerst ungerechterweise verstoßen worden war und zum Schluß vom Vater erkannt wird als „die rechte Tochter", die versöhnlich unbeirrbar zu ihm gehalten hatte – dies Modell wird von der amerikanischen Autorin gründlich umgeschrieben. Sie läßt keinen Zweifel daran, daß der Vater auch am Schluß gar nicht wirklich sie meint, sondern in seiner Verwirrung in ihr jenes Kind im braunen Mäntelchen umschmeichelt, festhält und umwirbt, das einmal die von ihm begehrte mittlere Tochter Rose war. Ihre Aufrichtigkeit und ihre heilsame Wut haben Rose davor bewahrt, durch den väterlichen Machtmißbrauch gebrochen worden zu sein; zu Fall gebracht wird sie erst durch eine tödliche Krankheit.

Diese Tochter ist es, die von der Autorin zur Heldin ihrer Version der Geschichte von König Lear und seinen drei Töchtern gemacht wird. Und zwar gerade wegen ihrer Unversöhnlichkeit, mit der sie aktiv wird und den früheren Opfer-Status der Passivität abschüttelt. Weil sie nämlich die einzige ist, die nicht hereinfällt auf den alten Zauber, auf die Faszinationskraft noch des greisen schwachen Vaters. Es gibt Verbrechen, die nicht verjähren, die nicht zu vergessen sind, weil sie nicht vergeben werden dürfen. So soll Rose, die unversöhnliche Tochter, das letzte Wort haben:

„Also ist alles, was mir bleibt, das Wissen, daß ich gesehen habe! Daß ich ohne Angst gesehen habe und ohne mich abzuwenden, und daß ich das Unverzeihliche nicht verziehen habe. Verzeihen ist ein Reflex, wenn man das, was man weiß, nicht erträgt. Ich hab diesem Reflex widerstanden. Das ist das einzige, alleinige, einsame Werk, das ich zustandegebracht habe."

# Vaters Kind

Zu Beginn des zwanzigsten Jahrhunderts schrieb Lou Andreas-Salomé eine Geschichte, die sie „Vaters Kind" nannte. Sie ist heute nur noch in Bibliotheken aufzutreiben. Trotz mancher Stilmerkmale ihrer Entstehungszeit halte ich sie für eine ganz und gar nicht veraltete Geschichte. Obwohl sie scheinbar überdeutlich erzählt ist, mit dem emotional erregten, naturalistisch wirkenden, lebhaften Dialog-Ton, den diese Autorin für sich geschaffen hat. Sie enthält, wenn sie Schritt um Schritt nachvollzogen wird, eine erstaunlich eingehende Analyse all des Vertrackten, Verfilzten, Grenzenüberschreitenden, unter falscher Flagge Segelnden, das die Beziehung eines Vaters zu seiner Tochter haben kann, wenn Bewußtes und Unbewußtes allzu weit bei ihm auseinanderklaffen – und die Mutter zum Gegensteuern nicht bereit oder nicht imstande ist.

Es ist darüber hinaus eine Studie über ein Thema, das in der mir vorliegenden Literatur überhaupt noch nicht als Thema erkannt, geschweige denn behandelt worden ist: die verpaßten Chancen eines Vaters, von seiner Tochter zu lernen.

Das Sitzmöbel, auf dem Vater und Tochter dieser Geschichte allabendlich vereint sind, trägt einen bezeichnenden Namen: Lutherstuhl. Er steht vor dem Schreibtisch in der Studierstube des Direktors der St. Petersburger Knabenschule – und diese Studierstube ist ein Heiligtum. Dort darf man ihn nicht stören – „bei Todesstrafe". Das ist natürlich nicht wörtlich zu nehmen. Doch es drückt wie der „Lutherstuhl" von Anfang an die Aura aus, die die Person dieses Vaters umgibt: absolute Autorität.

In dem St. Petersburger Ambiente, in dem auch die Autorin aufwuchs, gibt es eine Stadtwohnung für den Winter und ein Landhaus für die Sommermonate mit den langen Ferien. Marie-Anne, die Dreizehnjährige, bleibt noch, als „Vaters kleine Hausfrau", in der Direktorswohnung, ehe sie der Mutter aufs Land nachfolgt. Der Direktor selbst braucht keine Ferien. Er ist ununterbrochen zum Wohle der russischen männlichen Jugend tätig. Die Erzählerin charakterisiert die Verhältnisse als gut eingespielte, an denen zu rütteln niemand für nötig erachtet. Die Welt des Vaters ist die beste aller denkbaren Welten. Die Atmosphäre von Selbstbeherrschung und unermüdlicher Pflichterfüllung hängt nicht nur geradezu spürbar in den Klassenräumen der Knaben – ein einziges Mal, im unerhörten Zustand der Entfremdung vom Vater, werden sie Marie-Anne wie Gefängnisse vorkommen –, sondern auch in der unmittelbar an sie grenzenden Direktorswohnung.

Es ist ein offenbares Geheimnis, daß die Berufsauffassung des Vaters die Prioritäten des Zusammenlebens diktiert; trotzdem sind Vater und Tochter davon überzeugt, daß das oberste Gebot die Rücksicht auf die Mutter sei, das heißt Rücksicht auf deren chronische Kränklichkeit, über deren Herkunft niemand nachdenkt. Mutter und Tochter wiederum sind davon überzeugt, daß der Vater seiner Lieblingstochter stets alles zuliebe tue. Sie weiß in der Tat gut, wie sie mit ihm umzugehen hat. Als sich einmal die Schar ihrer Freundinnen allzu aufdringlich dem verbotenen Gelände seines Arbeitszimmers nähert und er irritiert zu werden droht, setzt sich die Tochter einfach auf die Lehne seines Lutherstuhls. „Von dort aus küßt sie ihn herzhaft auf die beiden Augen, den Mund und den kurzgeschnittenen Bart. Sie tat das gar nicht stürmisch, noch weniger zerknirscht, sondern so recht sanft und friedvoll und zufrieden. Jedenfalls schien es diesen beiden eine vollkommen genügende Aussprache über die fragliche Angelegenheit."

Seine Augen ruhen anerkennend auf ihrer Gestalt. Im Unterschied zu den anderen Dreizehn- und Vierzehnjährigen ist sie weder frühreif entfaltet noch eckig mager, „sondern wie eine glückliche Welt für sich. Während ihr Körper sich nur sehr allmählich gestreckt, behielt er eine sanfte Rundung, die ihn behaglich machte. Ihr Nacken und ihre Arme schienen bei allen Bewegungen lauter Linien voll Anmut und Gesundheit zu zeichnen. So braun, schlank und weich wie jetzt müßte sie am liebsten immer bleiben."

Überhaupt: so wie jetzt sollte es immer bleiben zwischen Vater und Tochter, stellt er sich vor. Und da seine Vorstellungen herrschen, wird sich die Zeit vielleicht auch stillstellen lassen.

Marie-Anne, Ria genannt, weiß sich geborgen in vollkommener Harmonie mit dem Vater. Sie braucht nichts weiter zu tun, als seinen Bedürfnissen zu entsprechen, und das sind zugleich ihre: Auf der Lehne des Lutherstuhls, da ist ihr Platz, und Tochter und Vater beschließen dort jeden Tag in nie getrübter Vertrautheit. Die Erzählerin übt subversive Kritik am Idyll, indem sie ein entlarvendes Bild wählt und bestimmte Akzente setzt: „Und seine Hand fuhr leise glättend, ordnend, über alle ihre Kindergedanken hin, spielte mit ihnen oder lenkte sie ab, je nachdem er es für gut befand. Rias Seele erschien ihm dadurch wie ein zartes, kleines Instrument, das er allein ganz kannte." Und auch hier ist es Rias Aufgabe, gerade durch ihre Fügsamkeit dem Vater „die widerspruchsvollen und schrillen Klänge des Tagesgetriebes zu versöhnen."

Seinem und ihrem Selbstverständnis nach ist er der Autonome, sie diejenige, die zu lernen hat von ihm. Dabei hatte es die Erzählerin doch schon gleich zu Beginn seinem unbewußten Blick sichtbar werden lassen: Die Dreizehnjährige ist eine Welt für sich. Scheinbar ist er es, der glättet und ordnet. Daß es die Tochter ist, die dem Vater gibt, was ihm so eklatant fehlt, bleibt ihm verborgen.

Was dagegen offen zutage tritt, ist seine Autorität. Die Tochter spricht es als ihr Glaubensbekenntnis aus: „Du handelst einfach immer, wie es recht ist – ganz einfach, und aus keinem anderen Grunde." Der Vater hört das wie etwas, das auch seinen Überzeugungen entspricht; von einem Widerspruch, etwa aus Selbstkritik, ist keine Rede. In den Worten von Andrej, dem armen Jungen aus einem kaukasischen Dorf, den der Direktor bei sich zu Hause wohnen läßt und außerhalb der Schule noch unterrichtet, tritt es leitmotivisch noch einmal hervor, wiederum allerdings mitten in aller Zustimmung von der Erzählerin subversiv kritisch formuliert: „Ja, Andrej gab ihren begeisterten Worten ganz recht: der Direktor tat alles nach eigenem Willen, duldete nirgends Widerspruch noch Ungehorsam, indessen leitete ihn stets dabei das Wohl dessen, den er sich unterwarf."

Die Erzählerin hat das einfache Mittel gewählt – wie übrigens immer dann in ihren Erzählungen und Romanen, wenn die Handlung vom Ehemann bestimmt wird –, die Mutter als schonungsbedürftige Kranke einzuführen, um ein für alle Mal die Machtverhältnisse klarzustellen. Die Mutter liefert die Tochter dem Vater für seine Bedürfnisse gleichsam aus, und zwar in bewußter Entscheidung. Der Mann ist in all und jedem ihr Sinn-Zentrum. Ihr Wahlspruch ist: Right or wrong, my husband. In diesem Falle geht er noch weiter, der Wahlspruch: Was mein Ehemann tut, kann gar nicht anders als recht sein.

Ein echtes rechtes Familien-Dreieck mit einigermaßen gleich starken Seiten zustandezubringen, ist offenbar in Literatur wie Leben am allerschwersten. Die Autorin bewährt in der Inszenierung der Verhältnisse dieser Modell-Familie die Schärfe des Blicks, der sie dafür prädestinierte, sich später der Psychoanalyse anzuschließen, wie sie sich in Wien herauszubilden begann. Sie gestaltet diesen scheinbar autonomen Mann als Vater-Phantasie: So wie er sich sieht und gesehen werden will in seiner unangreifbaren Tadellosigkeit, so sehen ihn auch alle andern; gleichzeitig kann er seinen Allein-Vertretungsanspruch auf „das Recht" und „das Richtige" nur in der Familie behaupten, denn die Erzählerin macht es ihm streitig durch ihre entlarvenden Formulierungen: „Aber immer bestimmte er selbst alle Einzelheiten dieser Fürsorge (für die kranke Ehefrau), und immer unterwarf seine Frau sich der stark tyrannischen Ritterlichkeit, mit der er sie scheinbar dienend umgab."

So stehen sie immer unverbunden nebeneinander: die fraglos menschenfreundlich gemeinten Ziele des Direktors – und die fragwürdigen Mittel dazu, die allesamt auf Unterwerfung abzielen. Die Geschichte stellt das Material bereit für die Entlarvung der ganz gewöhnlichen Gewalt in einer Familie, hier im Namen von „Bildung". Die Tochter ist wiederum als Objekt zugleich Opfer: Das ist allerdings ihr ebensowenig bewußt wie sonst jemandem in der Geschichte selbst.

Dabei existiert am Anfang noch eine Gegenwelt, nur: die verfügt über keinerlei gesellschaftliche Macht. Die Tochter ist zwar eingeschworen darauf, „Vaters Kind" zu sein und nichts anderes von sich zu wissen, als was sie ihm von sich und ihren Gedanken Abend für Abend erzählt, an ihn geschmiegt, auf der Lehne des Lutherstuhls. Ihr ist gar nicht bewußt, daß das nur eine Seite von ihr ist. Wir erfahren: Sie hat auch noch eine andere. Marie-Anne hat eine blühende Phantasie, der sie sich träumerisch überläßt, sobald sie sich im Freien befindet. Da will es ihr dann scheinen, daß man in der Stadt eigentlich gar nicht leben kann. Die Eigenständigkeit der Tochter zeigt sich beispielsweise darin, daß sie lebhaft widerspricht, als der junge Schüler des Vaters respektvoll referiert, was er gerade bei ihm gelernt hat: Grundzüge von Darwins Lehre. Von Evolution hält Marie-Anne nämlich gar nichts. Ganz ohne ehrfürchtige Unterordnung vertritt sie ihren unorthodoxen Standpunkt, wobei der Vater allerdings außer Hörweite ist: „‚Die armen Affen!' sagte sie ..., ‚daß sie so gar nichts anderes sein sollen als Vorstufen? So was wie Diener, so was Vorläufiges; – sie sind doch wohl auch was für sich? ... Ich finde es so unbehaglich.

Es ist gerade, als ob alles zu laufen anfinge, – zu rennen, wie verrückt. Wenn man eins anschaut, denkt man schon gleich ans Höhere, und auch wo es hergekommen ist, – das ist ja eine solche Unruhe. Viel lieber denkt man doch beim kleinsten Geschöpf, wie wunderschön es für sich selbst ist, – so, wie eben nichts anderes auf der Welt.'"

Dem Vater geht ja ebenfalls nichts über Höherentwicklung um jeden Preis, und mit ihrem Widerspruch wendet sich die Tochter gegen seine heiligsten Überzeugungen. Da stoßen zwei Denksysteme zusammen, das heißt: sie würden zusammenstoßen, wenn es zur Konfrontation käme. Aber das Kind kann nur dem Schüler des Vaters gegenüber so frei und sicher ihre Gegenposition zum Ausdruck bringen. Auf dem Lutherstuhl wird ihr dergleichen nicht einmal in den Sinn kommen.

Ihre kleine Rede an den Schüler des Vaters macht noch eines anschaulich klar: Zu ihrer Phantasie gehört auch Witz. Es ist eine lustige Vorstellung, wie alles ins Laufen gerät auf dem Wege in „höhere" Zustände. Sie findet ungewöhnliche Gedanken-Kombinationen und wäre durchaus in der Lage, aus der Reihe zu tanzen. Sie zerbricht sich auch aus anderem Anlaß den Kopf über Entwicklung und Kontinuität, ganz außerhalb der väterlichen Unterweisung. Was sie in tiefe Überlegungen verwickelt, ist das Problem der Zeit, wie es ihr aus dem Ablauf der Jahreszeiten und ihrem eigenen Heranwachsen geradezu entgegenspringt. Als sie mit dem Dampfschiff die Newa entlang auf die Inseln vor der Stadt fährt, entzückt sie schon das frühlingshafte Aufbrechen an den Ufern, und in ihrem eigenen Garten, da weit draußen vor der Stadt, vergewissert sie sich mit allen Sinnen: Hier ist neues Leben. Sie nimmt es begierig wahr, am heftigsten spürbar in der „Wildnis" hinter dem gepflegten, zum Haus gehörenden Garten.

„Felder und feuchte Wiesengründe stießen hier hinten daran, von einem schmalen Kanal durchschnitten; längs dem Kanal lief ein lehmiger Weg, der Kuhweg geheißen, wo manchmal Herden vorübergetrieben wurden und wo man sich selbst beim trockensten Wetter schmutzige Stiefel holte ... Rias Herz hing besonders an der ‚Wildnis', dem verwahrlosten Streifen am Kuhweg. Hier stand ungemähter Grund voll hoher Halme, breiter Farne und wild wuchernder Blumen im Sommer; am Rande erhoben sich Tannen und Fichten, an deren Geäste graue Moosbärte lang herniederhingen, und nach Regentagen schossen unter ihnen oft phantastische rote Riesenpilze auf, Märchengebilden gleich, die schon von fernher leuchteten. Unendlich viele Singvögel nisteten im Buschwerk, zutraulich geworden in der unberührten Einsamkeit."

Es versteht sich: der Vater begleitet die Tochter niemals in die „Wildnis", und auch für die Mutter ist es einzig der Ort, dessen Spuren Ria schleunigst an sich beseitigen muß, ehe sie sich wieder im Hause sehen lassen darf. Hier ist Ria nicht „Vaters Kind"; hier erfährt sie sich im Zwang-losen als in einem ihr gemäßen anderen Zuhause. Sie selbst vergleicht – im Unterschied zur Leserin ihrer Geschichte – ihre beiden Arten von Zuhause nicht; sie ist viel zu gebunden an den Vater, als daß sie sich eingestehen dürfte, daß dies alles von ihm abgelehnt werden muß, ihm nicht im mindesten interessant und wichtig sein kann, ja, ihm in jeglichem Sinne verschlossen ist.

Die Erzählerin weist nicht darauf hin, aber so manches ist mitgegenwärtig und mitgemeint bei der „Wildnis": der Rhythmus von Wandel und Wiederkehr, wenn es nach dem Absterben im Winter jedes Frühjahr wieder blüht und gedeiht, ohne allen Ehrgeiz auf Höherentwicklung und Steigerung, ohne Nutzbarmachung und Ausbeutung, ohne alles Warum und Wozu, sich selbst genug und der Tochter zur Herzensfreude; eine zyklische Zeitstruktur, die der Zielgeraden der väterlichen Gedanken geradezu entgegengesetzt ist; hier kann sich ihre Fähigkeit bewähren, sich mit anderen Lebewesen zu identifizieren. Diese Identifizierung ist das Gegenteil von Unterwerfung.

Marie-Anne verfügt also über Anschauungen und Fähigkeiten, von denen sich die Schulweisheit ihres Vaters nichts träumen läßt. Die ist einseitig konzentriert auf „Höheres, Vernünftiges, Tüchtiges", das keiner Begründung bedarf, weil ihm seine moralische Überlegenheit unbezweifelbar ist.

Da die Mutter in dieser Geschichte nur den traditionell den Frauen zugeschriebenen Raum für sich in Anspruch nimmt, den gepflegten und kultivierten Haus-Raum, steht die Tochter auf verlorenem Posten.

Das gehört zu dem Faszinierenden und Erschreckenden all der Geschichten, in denen eine Tochter real und symbolisch auf dem Schoß eines Patriarchen sitzt: Sie ist nicht folgenlos der Liebling eines solchen Vaters, und die Grenzen seiner Gesetze müssen notwendig die Grenzen ihrer Welt werden. Das nennt er „Erziehung", und beide nennen es „Liebe".

Als Ria der Mutter gerade befriedigt meldet, daß alle Nester vom vorigen Jahr noch da seien und auch die Nachtigallen wiederkommen, erfährt sie, daß just dies der vom Vater auserwählte Bauplatz ist, auf der er die Ferienschule für die armen Knaben der Umgebung bauen wird. Die Mutter erläutert es, wie immer ungebrochen hinter den philanthropischen Bestrebungen ihres Mannes stehend. Ria hingegen malt sich – wenn es denn schon sein muß – eine phantastische Alternative aus: den Vater als Wanderprediger und sie selbst als Bettelnonne im härenen Gewande. So bliebe die „Wildnis" wenigstens unangetastet. Aber für derlei originelle Phantasien hat die Mutter keinen Sinn; sie werden ernst genommen und zurückgewiesen.

Die immer wieder hochgehaltenen Maximen des Vaters lauten: „Sich Zusammennehmen, sich Anstrengen, etwas Nützliches für die Weiterentwicklung der Menschheit tun." Wie können sich dagegen ihre Erfahrungen von Trauer behaupten angesichts der Vergänglichkeit, gegen die etwas Bleibendes der einzige Trost wäre. „Irgendeine Traurigkeit befiel Ria leise, unmerklich. Tausend Sommererinnerungen standen fortwährend um sie, heiße, strahlende Sonnentage, sobald sie hier alle die alten Plätze wiedersah. Aber das war es eben: immer waren's schon bloße Erinnerungen! Weil man sich jeden Herbst von hier losriß, darum kam man wieder durch einen langen Winter verwandelt zurück, – man mußte alles erst wieder aufsuchen, auf inzwischen schon grasüberwachsenen Wegen suchte man wie nach Altem, nach schon Vergangenem –. Das legte eine wunderliche Melancholie über den unfertigen Frühling, als sei er gar nicht Gegenwart, beinahe Herbst –. Und um ein jedes Jahr, um das man älter wurde, verwandelte man sich wohl mehr und mehr, – bis schließlich auch die Sommersonne nichts mehr so wiederbrachte, wie es gewesen war."

Da äußert sie sich wieder, ihre Sensibilität für die Zeit, für ihr eigenes Eingefügtsein in Naturabläufe – und zugleich ihr beobachtendes, reflektierendes Draußenstehen. Die künftige Frau wird hier nicht etwa als Natur-Wesen entworfen. So einfach ist die Entgegensetzung zum Vater nicht. Sie entwickelt etwas von Grund auf Komplexeres als des Vaters Auffassung von Zeit, der sie als linearen Fortschritt sieht und sich selbst als einen Motor der Weiterentwicklung. Die Tochter begreift, mitempfindend, etwas von Natur-Geschichte, und das heißt: Sie reißt Fühlen und Denken nicht auseinander. Ernst genommen, wäre sie eine ausgezeichnete Gesprächs-Gegnerin für ihn, an der er seine Argumente überprüfen müßte. Aber sie wird nicht ernst genommen. Sie ist ja nur ein Kind, noch dazu eines, das ihm gehört.

Später versucht sie verzweifelt, ihre „Wildnis" am Leben zu erhalten; sie plädiert herzbewegend für das Daseinsrecht von Tieren und Pflanzen und für ihr Recht, ungestört aufzublühen und sich in Nachkommen zu entfalten. Aber des Vaters Herz wird nicht bewegt. Der Anspruch des Schuldirektors, die Knaben in seiner Sommerschule „zu tüchtigen, vernünftigen, brauchbaren Menschen" zu erziehen, macht sich erdrückend geltend gegenüber ihren Sätzen, die für ihn gar nicht den Rang von Argumenten erhalten. Noch in diesem Sommer wird er sein Projekt verwirklichen.

„Aber Vater, gerade jetzt, wo alle die kleinen Eier in den Nestern liegen, – denk doch nur: die kleinen, gesprenkelten Eier! Und wie die Vögel sich gemüht haben, sie zu legen, und wie sie sich gefreut haben, – und ich kenne sie alle einzeln, – und – ach nein! ... Sag, daß das dir nicht Ernst ist!"

Als der Vater ihre Appelle abweist mit der herabsetzenden Bemerkung, daß sie sich ja bloß an ihr liebgewordenes Kinderspielzeug klammere, da gerät sie außer sich: „Kein Spielzeug! lebendige, kleine Geschöpfe, lebendige, – ach, wenn du wüßtest, wie die ganze, ganze Wildnis lebt".

Hier haben wir ihn, den Zusammenstoß der beiden Welten. Und die Welt der Tochter wird zusammen mit den aufwachsenden Lebewesen vernichtet, geradezu niedergewalzt. Daß es der Vater im Namen von „Reife" tut, gehört zu der darstellerischen Ironie der Erzählerin. Was „Reife" ist, bestimmt der Vater.

So macht das Mädchen gerade durch den ihr liebsten Menschen unauslöschliche Erfahrungen von Ohnmacht. Sie kann ihn nicht zum Innehalten auch nur für einen Augenblick bewegen. Er hört sie gar nicht. Was sie erregt, ist ihm gleichgültig. Nichts hat Geltung, was sie beibringt. Statt dessen wirtschaftet er noch aus seiner Harthörigkeit einen pädagogischen Pluspunkt heraus, da ihm unter der Hand alles zu einem Mittel zu dem Zweck wird, der wiederum für ihn alle Mittel heiligt.

„Vaters Kind" sitzt buchstäblich in der Falle, denn Marie-Anne weiß ja: Sie wird geliebt. Hier wird nicht mit Schlägen überwältigt, gegen die sie sich wenigstens innerlich zur Wehr setzen könnte. Hier wird mit der Kombination überwältigt, gegen die es keine Gegenwehr gibt: zärtliche Gesten, der Ausdruck warmer Güte – und nicht in Frage zu stellende, eisige Autorität. Und dann enthüllt er sich zum erstenmal, der Allein-Besitz-Anspruch: Nur er habe das Recht, sie zu demütigen, hatte er einmal gesagt, und jetzt sagt er:

„‚Besser ist's doch, ich bin es, der dir jetzt einen Schmerz zufügt, als daß das Leben dich einmal unreif und untauglich findet'. – Ria antwortete nicht. Er fühlte wohl, wie ihr Herz schlug, wie in ihr ein Kampf anhob, ein Kampf zwischen dem alten Vertrauen zu ihm und einer ganz neuen Furcht vor ihm, – er wollte ihr Zeit lassen, sich zu ergeben."

Auch so kann eine Vergewaltigung durch einen geliebten Vater aussehen. Was er unter „Leben" versteht und was sie, im Unterschied zu ihm, als „Leben" zu erfahren imstande ist, klafft auseinander wie „abstrakt" und „konkret". Aber da die Macht der Definition bei ihm liegt, wird sie die „ganz neue Furcht vor ihm" nicht auf ihren Realitätsgehalt hin prüfen können, sondern in anschmiegender Idealisierung zudecken.

Daß seine Frau ihm „in allem und jedem", auch der Tochter gegenüber, recht geben wird, beweist der große Konflikt, der die wohlgefügte Familienwelt erschüttert. Marie-Anne hatte von ihrem ersten heimlichen Verehrer, einem der Schüler ihres Vaters, einen kleinen Hund geschenkt bekommen, der den Namen „Love" trug. Er wurde ihr Gefährte und Vertrauter auf dem Lande. So hatte sich der Verehrer mit den kecken Augen das eigentlich nicht vorgestellt: Das „Hundchen" sollte gewissermaßen ein Übergangsobjekt darstellen, das die Liebe des jungen Mannes verkörpern und in der Beschenkten wecken sollte – freilich: die Liebe zu *ihm*.

Ria hat sich in der Mittagshitze in die „Wildnis" zurückgezogen. Die Mücken summen, die Vögel, die kleinen und die großen, zwitschern nur verschlafen, der Donner grollt von ferne. Halb wacht das Mädchen, halb träumt es, der Hund „Love" ist an ihrer Seite. Das Halbdunkel unter den dichten Bäumen läßt alle Konturen verschwimmen. Ein Etwas oder ein Jemand scheint sich über sie zu beugen. Da ertönt ein kurzer Schrei. Jemand stürzt in wilder Hast davon.

Der Vater ist da. „Er sprach kein Wort, er starrte nur mit fremden, harten Augen auf Ria. Seine Lippen waren seltsam eingezogen, als drängten sie ein Wort zurück. Die rechte Hand, die herabhing, hatte er geballt. ... Verwirrt – unwillkürlich – hob sie den Arm vor ihre Augen, wie zum Schutz gegen diesen Blick.

... Wie gut, daß der Vater ihr stets alles zuliebe tat – . ‚–Vater!' stammelte sie –, ‚ich – ach, Vater, ich bitte dich so sehr: tu ihm nichts!' Der Direktor war ganz langsam einen Schritt auf sie zugetreten. Seine Augen blitzten in einem zornigen Erstaunen auf.

‚– Was sagst du? Wem soll ich nichts tun? Wem?! Wem –?!' fragte er heiser. ‚Wanja Wisentin!' murmelte sie fassungslos, und ihre Augen begegneten den seinen groß und erschrocken. ‚Also du weißt, daß er's ist? Du verteidigst ihn, – – du hattest ihn erwartet!' Er trat hart an sie heran und griff an ihr Handgelenk, daß es sie schmerzte. Die letzten Worte hatte er fast zwischen den Zähnen zermalmt."

Ist das der souveräne Pädagoge? Redet so der Vater mit dem ihm innig vertrauten Kind? Woher speist sich die Hitze dieser Reaktion?

Nicht einmal den unschuldigen kleinen Hund darf Ria behalten. „‚Richtig: der Name! Love –, ja natürlich! Daß mir das nicht auffiel, von Anfang an –.' Er machte eine gewaltsame Anstrengung, sich zu beherrschen. ‚Wo ist die Bestie! Nimm sie mit, sie muß gleich fort –.'"

Er droht gar, ihm „den Kopf am nächsten Baum zu zerschmettern", wenn sie ihn nicht unverzüglich hochnehme, ihren aufgeregten kleinen Hund – den der Direktor „Bestie" nennt; aber niemand ist da, der über alle diese maßlosen Übertreibungen lachen könnte. „Ria schluchzte so, daß sie weder sehen noch sprechen konnte. Sie griff blind nach ihrem Hund, und drückte ihn zitternd an sich, ‚Er hat mich in der Stadt geglaubt, – im Schulrat. Der Lump!' murmelte der Direktor in ersticktem Zorn."

Diesen Zorn hält er für moralisch vollauf gerechtfertigt. Und also ist er moralisch gerecht. Wieder hat eine Tochter nicht das Recht, den Dingen ihrer Welt Bedeutung zu verleihen. Es ist dem Vater gleichgültig, und das heißt: es gilt nichts, was ihr der Hund bedeutet, was ihr ihre „Wildnis" bedeutet. Als wenn sie mit ihrem Geld bezahlen wollte – und plötzlich bemerkte sie, daß es gar keinen

Wert hat, das heißt, daß sie im Ausland ist, und sie hatte gemeint, sie sei zu Hause, in ihrem Vaterland.

Sie soll keine Götter haben neben ihm. Daß er seinen Besitz gegen jeden anderen mit Gewalt verteidigt, wird noch einmal blitzartig offenbar. Der verstoßene kleine Hund hatte zu seiner Herrin zurückkehren wollen und war dabei angefahren worden; er hatte sich gerade noch in ihren Garten schleppen können. Der Vater greift zur Pistole und erschießt „Love". Es mußte sein.

Die Tochter sieht plötzlich ihren Vater als Mörder. Sie stößt zum ersten Mal in ihrem Leben seine Hand zurück, sieht nun ihrerseits ihn mit haßerfüllten Augen an. Im Familienverbund ist das nichts weiter als der Gipfel *ihrer* Verirrungen.

Wenig später läßt sich der Vater durch die Mutter endlich von dem Offensichtlichen überzeugen: Die Tochter hatte nur die Gabe geliebt, nicht den Geber; ihr Haß und Zorn gegen den Vater waren nur um des Hundes willen aufgebrochen, nicht um des Hundes Herrn willen. Da kehrt wieder Friede in sein Gemüt ein.

Wie anders hätte sich die Tochter unter seiner vernichtenden moralischen Empörung fühlen sollen als vernichtet und schuldig? Und dieses Gefühl will er gar nicht rückgängig machen. Rias Verzweiflung interpretiert er als notwendigen Reifeschritt. Auch das mußte sein.

Ria darf auch nicht für kurze Zeit in den Armen der Mutter Zuflucht finden. In ihrer Not hatte sie sich einmal dorthin geflüchtet. Sogleich wird sie von der sanften, bestimmten Frau genötigt, die Hand, die sie schlug, zu küssen. (Lessings Emilia, die im nächsten Kapitel auftritt, küßt noch im Sterben die väterliche Hand, die sie tötete.) Die Mutter schickt die Tochter dem Vater hinterher in die Stadtwohnung, „damit er dort nicht so allein sei".

Was hier geschieht, hat Kafka in seinem „Brief an den Vater" den Sohn – stellvertretend auch für viele Töchter – hellsichtig formulieren lassen:

„Die Mutter hatte unbewußt die Rolle eines Treibers in der Jagd. Wenn schon Deine Erziehung in irgendeinem unwahrscheinlichen Fall mich durch Erzeugung von Trotz, Abneigung oder gar Haß auf eigene Füße hätte stellen können, so glich das die Mutter durch Gutsein, durch vernünftige Rede, ... durch Fürbitte wieder aus, und ich war wieder in Deinen Kreis zurückgetrieben, aus dem ich sonst vielleicht, Dir und mir zum Vorteil, ausgebrochen wäre."

Fügsam fährt Marie-Anne in all ihrer Verwirrung wieder in die ungeliebte Stadt. Bei dem ersten Zusammentreffen, dem schwierigen, ist immer noch sie es, die sich vor dem Richter-Vater zu rechtfertigen hat – diesmal für ihre Geste der heftigen Abwendung von ihm. So versucht sie, wenigstens nachträglich bei ihm um Verständnis zu werben für ihre Trauer um den Tod ihres Hundes. „Aber der Vater ... hörte kaum auf das, was sie sagte, und noch ehe sie ausgeredet hatte, da tat er etwas ganz Unerhörtes. Er bückte sich plötzlich und hob sie mit einem Ruck vom Boden auf, hob sie in seine Arme und trug sie einfach hinweg, zu sich ins Zimmer. ‚Still!' sagte er froh, ‚sei ganz still! mein dummes, kleines Mädchen, du dummes, kindliches, kleines Kind! Nichts verstehst du von alledem, nichts verstehst du; ich hol' mir dich einfach zurück und setze dich mir auf den alten Stuhl, – da! hab' ich recht oder nicht?' Und da saß sie, wie vormals, an seinem Schreibtisch, auf seinen Knien –.

Sie umhalste den Vater und versteckte das Gesicht an seiner Schulter. Zu sprechen vermochte sie nicht. So verwirrt war sie, als habe er sie aus einer Welt in eine andere getragen."

„Der alte Stuhl". Es ist die alte Welt, ihre Kindheitsinsel, fest umschlossen von seiner Welt, in die er sie zurückträgt. „Hab' ich recht oder nicht?" ist eine rein rhetorische Frage. Die Tochter wird zurückversetzt in eine Zeit, aus der sie sich gerade mit einem Schritt, sich selbst erprobend, entfernt hatte. Als sei die Zeit stehengeblieben, oder als werde ein Film zurückgespult. Das, was sie ganz erfüllt, was sie gar nicht verstehen kann, alle die gewaltsamen Einbrüche in ihre Vorstellungen vom Vater, die Fremdheit, die Anklagen gegen sie, alle die furchterregenden Ereignisse – all dies ist, als sei nichts davon wirklich gewesen. Wie sie den Vater da einen Augenblick lang wahrgenommen hat, wie er also auch ist und jederzeit wieder sein kann, das muß sie sich ganz schnell aus dem Kopf schlagen und aus der Brust. Das darf sie sich nicht eingestehen. Und er? Nichts hat er aufgenommen und angenommen vom Wesen und Wissen des Kindes. Auch über sich selbst hat er nichts erfahren, und es hätte ihn doch besser bekannt machen können mit sich selbst als Vater.

Die Kunst der Erzählerin läßt deutlich werden, daß es zumindest zwei Deutungen des Geschehens gibt und daß die Vater-Deutung zwar dominiert, aber nicht recht hat. Wenn eine Tochter zurückgetragen und mundtot gemacht wird, so kann das kein Entwicklungsschritt sein, voran in der „Reife". Der Vater benennt das Ziel für die Tochter: „Vaters guter, gescheiter Freund".

Der Gang der Handlung erweist sich als Vertreibung aus all dem, wofür der Name „Wildnis" steht. Dabei höre ich auch „wildes Denken" mit. Doch hätte gerade diese ihm abgekehrte Seite der Tochter Kraftquelle und Korrektiv für den Vater selbst bedeuten können. Im Namen des Fortschritts wird dieser Bereich von Vitalität und Erneuerung als objektiv bedeutungslos erklärt.

Lou Andreas-Salomé hat diese Geschichte einer Sammlung von Erzählungen eingefügt, die sie „Im Zwischenland" genannt hat, mit dem Untertitel „Aus dem Seelenleben halbwüchsiger Mädchen". Was sie in allen diesen Geschichten darstellt – in keiner allerdings so scharf pointiert wie in dieser –, ist der Reichtum an Sensibilität, an ahnungsvollem Vorwissen, an Zartheit der Empfindung, an Phantasie- und Gefühlskräften dieser Töchter, die sie in den Dienst gläubiger Idealisierung bestimmter Erwachsener, wie hier des Vaters, stellen. Keine von ihnen ist, wie es der Direktor ausdrückt, ein „dummes, kleines Mädchen", das nichts verstehe. Die Autorin läßt keinen Zweifel dran, daß sie allesamt erstaunlich tief und genau verstehen, was in ihrer Umgebung vorgeht. „Im Zwischenland" ist als Ortsbeschreibung ein guter Name für den Zustand der Pubertät, dem Übergangsalter von einer Welt in eine andere. Wie gut die Erwachsenen daran täten, sich behutsam und einfühlend einzulassen auf das, was die Töchter ihnen im Zwischenland voraushaben, statt es ihnen im Namen von Erziehung auszutreiben, davon handeln die Erzählungen. Jede endet mit einer Unterwerfung. Die Realität bleibt mit erbitternder Regelmäßigkeit hinter den großen Erwartungen der kleinen Mädchen zurück. Die können ihre Wildheit, die spezifische Begabung ihres phantastischen Wesens, ihrer undomestizierten Lebendigkeit nicht bewahren.

Lou Andreas-Salomé hebt ihrerseits keinen pädagogischen Zeigefinger. Sie stellt nur dar, wie die Machtverhältnisse aussehen und was sie anrichten „im Seelenleben halbwüchsiger Mädchen". Sie stellt damit zugleich dar, was Verhältnissen verloren geht, die von Vätern dominiert werden, die unterwerfen müssen, was sie lieben.

Ein Reiz dieser Exempel-Geschichte besteht für mich darin, daß ich nicht zu sehen vermag, auf welche Weise ihre Autorin als Kind selbst dem Bild entsprach, das sie hier bis zur Überzeichnung scharf herausarbeitet: dem Bild einer auf väterliche Werte eingeschworenen Tochter.

Reizvoll sind auch hier Übereinstimmungen und Kontraste zur Lebensgeschichte. Zwar war Louise von Salomé, wie Andreas-Salomé in ihrem „Lebensrückblick" berichtet, auch der Liebling ihres Vaters, als einziges Mädchen nach fünf Jungen geboren. Er war bei ihrer Geburt schon im großväterlichen Alter, und in der Generalsuniform machte er eine stattliche Figur: Sie nennt ihn einen „männlich tatfrohen, autoritätsgewohnten Mann". Aber er war kein Pädagoge und maßte sich auch nicht an, einer zu sein. Zudem verhinderte der weitgesteckte Rahmen seiner Tätigkeiten solche ebenso vertraulichen wie überwachenden Zusammenkünfte, wie sie den Direktor und seine Tochter allabendlich auf dem Lutherstuhl vereinten. Louise von Salomés Vater gestattete der Tochter sogar, mit dem Russisch-Unterricht in der Schule aufzuhören, als sie sich über ihn beklagte; von ihrer intellektuellen

Überlegenheit war er ohnehin überzeugt. Er trug sie auch auf seinen Armen, aber nicht, um sie zu überwältigen, sondern nur, als sie über Wachstumsschmerzen in den Beinen klagte. Weil sie nicht rechtzeitig gemeldet hatte, daß der Notfall längst vorüber war, und sich genußvoll weiter von ihm tragen ließ, bestrafte er sie zwar mit einem Birkenreiser. Das berichtet sie jedoch eher als Begründung einer gewissen spielerischen masochistischen Lust und mit weit weniger Nachdruck als die Tatsache, daß ihn seine Einfühlung in ihren Schmerz einst zu Tränen gebracht hatte. Davon erzählt sie mehr als einmal in ihren Texten, und in ihrem Roman „Ruth" formt sie den Vorfall so aus:

„... vor ihrem Blick tauchte die erste ganz bewußte und deutliche Erinnerung aus ihrer Kindheit auf: eine Generalsuniform, ein schneeweißer großer Schnurrbart, und darüber zwei gütige blaue Augen – Kinderaugen eigentlich. ‚Einmal hob er mich aus dem Bett, – er sah so schön aus, mit Bändern und Sternen, und blitzte über und über, – und da kam seine brennende Zigarette an meinen bloßen Arm. Ich schrie sehr. Und da kamen ihm Tränen in die Augen, – aber wirkliche, große Tränen, so daß die Augen ganz voll davon standen. Und dann drückte er mich an sich und küßte mich – auf den Arm und den bloßen Hals und das Gesicht und den ganzen Körper. – So war Großpapa. – Jetzt würd ich mir gern den Arm abbrennen lassen, wenn er mich nur noch einmal so küssen wollte!' fügte sie wild hinzu."

Schon als junges Mädchen bewies Louise von Salomé ihre Überzeugung vom Wert ihrer eigenen Urteile und ihrer Phantasie-Welten. Die anerkennende Einstellung ihres Vaters ihr gegenüber, des Mannes von Rang und Einfluß, hat dazu zweifellos entscheidend beigetragen. Papa war ihr „Geliebtester" in der Familie. Die Mutter stand ihrem unkonventionellen, oft abweisend in sich gekehrten Wesen und ihrem ausgeprägten Eigensinn eher kritisch gegenüber; aber im ausgeprägten Unterschied zu den Verhältnissen in ihrer Geschichte „Vaters Kind" war sie daran gewöhnt, ihren Willen letztlich doch in ihrer Familie respektiert zu sehen.

Dazu kam, daß der Vater starb, als sie sechzehn Jahre alt war; sie nutzte die zusätzlich gewonnene Freiheit dazu, sich trotz der Einwände der Mutter nicht in der reformiert-protestantischen Kirche Petersburgs konfirmieren zu lassen, in deren Gemeinde ihre Eltern eine wichtige Rolle spielten. Sie war überzeugt, daß der Vater diesen Schritt gebilligt hätte, denn eine Verlängerung der Vorbereitungszeit um ein ganzes Jahr hatte sie sogar noch zu seinen Lebzeiten durchgesetzt, um die Konfirmation hinauszuzögern. Sie setzte ihre Privatstunden bei einer Petersburger Berühmtheit fort, einem brillant predigenden und eher unorthodoxen Geistlichen namens Hendrik Gillot, den sie sich selbst als ihren Lehrer in Philosophie und vergleichender Religionswissenschaft erwählt hatte. Das war ein selbst oder gerade in ihren Kreisen im 19. Jahrhundert beispielloses Verhalten eines jungen Mädchens. So wurde ihr Geist frühzeitig geschult, nicht vom eigenen Vater und nach dessen Kriterien, sondern durch eine von ihr frei gewählte Vater-Figur, als sie schon eine junge Erwachsene war. Ihre Schritte auf eigenen Wegen wurden zwar von der Familie nicht kritiklos hingenommen, aber – das macht den entscheidenden Unterschied – nie mißbraucht, um Schuldgefühle zu erzeugen.

Im „Lebensrückblick" nennt sie es beim Namen, was sie ihrer eigenen Familie in St. Petersburg vor allem verdanke: „Beiden Eltern gegenüber aber – so scheint es mir jetzt – fehlte bei mir, im Vergleich mit den Erfahrungen der weitaus meisten Kinder, von denen ich weiß, das Überhitzte in der Gefühlseinstellung, sei es in Trotz oder Liebe. Das Verbindende wie das Oppositionelle unterstand einer Grenze, hinter der irgendwie noch Freiheit Raum behielt ... Für mich bedeutete dieser unwillkürlich-gewordene Grenzstrich z. B. eine Art von Schweigendürfen, Einsambleibendürfen inmitten allen herzlichen Vertrauens."

Die Geschichte von der Unterwerfung einer Tochter durch ihren Vater im Namen von Erziehung hatte Lou Andreas-Salomé sechs Jahre zuvor (1896) schon einmal geschrieben: Damals aber war es die Geschichte einer Selbst-Unterwerfung – eigener Entfaltung zuliebe. Die Tochter war kein Kind mehr, sondern zwei, drei Jahre älter als Marie-Anne, und der, dessen „Kind" zu sein sie leidenschaftlich wünscht, ist ihr Lehrer. Worauf die Szene in der „Wildnis" in der Geschichte von Marie-Anne nur einmal kurz den Blick freigibt, das steht am Ende dieses frühen Romans, „Ruth". Seine Beziehung zur Lebensgeschichte der Autorin ist in den äußeren Details offensichtlich: Er enthält einiges – niemand kann sagen, wieviel – von dem, was die siebzehnjährige Louise von Salomé mit dem von ihr erwählten väterlichen Lehrer erlebt hatte.

Es ist eine Geschichte vom Glück einer Tochter und eines Vaters. Also etwas Seltenes. Um noch einmal daran zu erinnern: Nicht weil das Glück selten ist, sondern weil es seltener – nach Ausdruck verlangt bei denen, die es erleben.

Zwischen der Vaterfigur, dem charismatischen Lehrer Erik, und seiner sechzehnjährigen Schülerin Ruth sprühen von Anfang an die Funken untergründiger wechselseitiger Faszination. Auch hier ist wieder einmal die Mutterfigur, Eriks Ehefrau, durch den Kalkül der Erzählerin ganz an den Rand gerückt. Im Zentrum seiner Aufmerksamkeit steht Ruth. Sie hat keine Eltern und ist zu ihm in sein Haus gekommen, freiwillig, nachdem sie ihn einmal in der Schule als Lehrer kennengelernt hat: Nirgendwo sonst sei ihr Zuhause, und sie wolle „sein Kind" sein. Das selbstbewußte, eigenwillige Mädchen gibt sich freiwillig in seine Hände, um sein Geschöpf zu werden: Es geht von Anfang an um viel mehr als nur um „Unterricht". Was der Lehrer vor allem anderen erreichen will mit willigem Einverständnis der Schülerin, das ist die Ausrottung der „Wildnis" in ihrem Kopf: „Einen so ungeordneten kleinen Kopf mit so krausen, wilden, unfertigen Einfällen und Vorstellungen hab' ich noch gar nicht gesehen".

Das junge Mädchen Ruth, deren Eigenständigkeit in der Schule und bei den Verwandten allgemein auffällt, stimmt enthusiastisch zu, als ihr der Lehrer-Vater das freie Phantasieren austreiben will. Es ist bisher ihre Stärke gewesen. In der Tat hat das auch der Lehrer Hendrik Gillot mit Louise von Salomé veranstaltet, wie sie im „Lebensrückblick" berichtet. Doch, wie ihre vielen Erzählungen und sogar auch noch ihre späteren wissenschaftlichen Texte beweisen, hat sie an ihrer Form von Phantasie „in männlich gerichteter Trotzhaltung" kräftig festzuhalten gewußt.

Aber es geht hier um Phantasie als die Vermischung von Realität und Wunschdenken, um die phantastisch die Wirklichkeit umdeutenden Geschichten, mit denen Ruth ihre Schulfreundinnen in Atem gehalten hat. Da wird etwas spürbar von einem herrscherlichen Willen in ihr: Es macht ihr Freude, die Welt nach ihren Wünschen zu interpretieren, – wie es ja eigentlich nur der Vater für sich in Anspruch nimmt.

Schon bei ihrem ersten Zusammentreffen wird deutlich, daß es auch dieser Wahl-Vater auf eine Ausschließlichkeitsbeziehung in Absolutheit abgesehen hat, während sie sich vordergründig über Ruths Phantasie-Geschichten verständigen:

„‚Willst du sie künftig mir erzählen?' fragte er ernst, ‚aber alle, ohne eine Ausnahme. Und ohne einen Winkel, in den ich nicht hineinsehen könnte. Ich muß alles wissen und hören, was durch diesen phantastischen, unnützen Kopf geht. Wir wollen einen ordentlichen Vertrag machen: du sollst sie auch niemand sonst mehr erzählen. Nur mir. Immer, mit allem hierher kommen. – Du wolltest ja hierher gehören. – Wirst du es bedingungslos und gehorsam tun?'"

Das ist es, was sie will.

Wenn eine Mutter das fordert, wird ihr nicht diese begeisterte Zustimmung begegnen. Nellys Mutter in Christa Wolfs Roman „Kindheitsmuster" forscht in ähnlicher Dringlichkeit, und die Tochter weiß: „Wenn sie abends am Bett sitzt und wissen will, ob man ihr alles gesagt hat: Du weißt doch, daß du mir jeden Abend alles sagen sollst? Frech zu lügen: Alles, ja! Und dabei heimlich zu wissen: Niemals mehr alles. Weil es unmöglich ist."

Bei dem Vater ihrer Wahl will die Tochter gerade das Absurde, Unmögliche in die Wirklichkeit umsetzen.

Ruth ist in der Zeichnung der Autorin kein unterwürfiges, schwaches Wesen, und sie fühlt sich in ihrer Hingabe bei ihrem Lehrer geborgen. Aber auch in seiner freudigen Anerkennung, in seiner unbedingten Aufmerksamkeit für sie, in seinen anspruchsvollen, sie auszeichnenden Forderungen an ihren Kopf, in ihrem wechselseitig liebevollen Umgang. So sieht es für sie aus: ihres Vaters Haus.

In beiden Geschichten vom Aufwachsen eines jungen Mädchens wird dem zuwidergehandelt, was Lou Andreas-Salomé als das Wohltätige ihres eigenen Elternhauses in St. Petersburg hervorhebt: Respekt für die Grenze, hinter der Schweigen und Einsamkeit möglich waren. In dem Roman „Ruth" werden die Grenzen von Vater und Tochter rauschhaft, mit fliegenden Fahnen überschritten und niedergelegt. Die Darstellung selbst setzt sich hinweg über uns geläufige Grenzen von Scham und von Zurückhaltung. Das junge Mädchen ist nicht Objekt und Opfer. Sie ist voller eigener Aktivität in ihrer Annäherung an den Mann. Die Autorin berührt hier verborgene Saiten im „Seelenleben junger Mädchen", weil sie sich angstlos und unerschrocken eigener Erfahrungen erinnert und sie mit genau der Intensität auszudrücken gewillt ist, die ihr gemäß scheint. Diese Sprache weiß etwas vom verrückten, atemlosen Glück eines jungen Mädchens; sie steht nicht darüber und nicht dem gegenüber, sondern mitten in der Bewegtheit einer, die das alles noch längst nicht hinter sich hat und sich nichts verbieten muß im Namen von „Vernünftigsein":

„‚Ich will alles tun, – alles! Recht oder Unrecht, Gutes und Böses, – alles! Ich will gehorsam sein bis in den Tod! Stellen Sie mich auf die Probe. Aber gehorchen muß ich Ihnen dürfen, – Ihr Kind sein dürfen, – zu Ihnen sagen dürfen: ich will tun, was Sie wollen. Immer! Immer! Das muß ich – muß ich dürfen. – Darf ich?'"

Das mag schwer erträglich klingen für Leserinnen von heute. Seltsamerweise gibt es auch fünfzig Jahre später, in Liebesszenen bei Ingeborg Bachmann, solche Ausschweifungen an beseligender Selbsthingabe mit gleichsam orientalischen Demutsgesten, beim weiblichen Ich im Roman „Malina" oder bei Jennifer im Hörspiel „Der gute Gott von Manhattan". Ich habe den Eindruck, die Autorin hat mit der Enthüllung solch einer Lust am Untergang in der töchterlichen Hingabe an die Vaterfigur eine verborgene, verschwiegene Möglichkeit dieses Verhältnisses getroffen, die bei der Tochter dem entspricht, was beim Vater „Sprachverwirrung" genannt wurde, zwischen der „Sprache der Zärtlichkeit und der der Leidenschaft".

Wie genau das ihm entspricht! Was er erreichen wollte, hat er schnell erreicht: Sie hat gelernt, und zwar ganz schnell, „ihre Gedanken zu logischer Schärfe zu formen und ihnen eine energische Richtung auf das Erkennen zu geben". Er schwelgt in Bildern vom Gärtner, der sich sein Bäumchen zurechtstutzt nach seinem höheren Wissen, und von Schöpfertum, in denen Gott-Ähnlichkeit mitschwingt wie so oft beim Vater-Selbstverständnis. Was in der abstrakten Sprache der Tiefenpsychologie „Internalisieren" heißt, läßt die Autorin den Lehrer als anschauliches Ziel formulieren: „‚Ich bin mit dir wie jemand, den du nicht neben dir stehn siehst, und doch um dich weißt, – über dir walten, wo du auch gehst und stehst. Wie jemand, den du nicht fragen kannst, und der zu manchem schweigt, – der aber doch alles weiß, was dir not tut und gut tut wie –' ‚Wie Gott,' sagte Ruth keck."

Während er dies spricht, hält er ihre Hände. Der Wahl-Vater könnte auch Pygmalion heißen ...

Von Anfang an haben sie sich berührt, er hat sie in seine Arme geschlossen, sie hat den Kopf an seine Schulter gelegt, sie hat auf seinem Schoß gesessen. Er küßt sie.

Und dann will er die „Sprachverwirrung" in eine förmliche Umwandlung versetzen: Die Sprache der Zärtlichkeit soll offiziell überführt werden in die der Leidenschaft. So wie Louise von Salomés verehrter Lehrer Hendrik Gillot es wollte, als er, verheiratet und Vater fast erwachsener Kinder, der Achtzehnjährigen einen Heiratsantrag machte, so erklärt Erik plötzlich das vergangene gemeinsame Jahr für einen Märchentraum, Ausgeburt ihres immer noch phantastischen Wesens, mit dem sich Ruth sein Bild erhöht und verklärt habe, – und nun wolle er mit ihr die volle Realität leben, als Mann und als Frau.

Als Erik ihr sagt, er wolle sich von seiner Frau trennen, um seinetwillen und Ruths willen, erfährt sie die Verwirrung einer, die aus einer Welt in eine andere getragen wird: „Auf Ruths Gesicht prägte sich ein grenzenloses Befremden aus, – Zweifel, Unglaube, ja Entsetzen prägten sich darauf aus. Ihr war, als müsse sie nach einem Entfernten, – nach Erik rufen, – ihn zu ihrer Hilfe rufen gegen einen Unverstandenen, Unbekannten. Aber er – er war es ja gerade, der da vor ihr stand."

Nur der Vater könnte für Recht sorgen, – und er ist es, der es brechen will.

Als er einen Augenblick den Raum verläßt, will sie einen Zettel schreiben, auf dem soll stehen: „Ich muß fortgehn!" Sie liest, was sie statt dessen geschrieben hat: „Ich gehe nicht fort. Ich gehe und bleibe Ihr Kind." Dazu will sie stehen, so will sie es halten: Sie wird das leben, was er sie gelehrt hatte. Und dazu ist sie imstande, weil sie fortgehen kann von ihm. Am Ende des Romans steht der Abschied. Ruth hält es so, wie es die Autorin als junges Mädchen gehalten hatte.

Noch in ihrem „Lebensrückblick" macht sie deutlich, daß sie Väter wie Brüder dankbar liebt. Es gab immer Abschiede. Das einzige „Vatergesicht", das über ihrem Leben geblieben sei, ist Sigmund Freud; ihn hatte sie sich als Fünfzigjährige gewählt.

# Auf Vaters Schoß

In Heinrich von Kleists Novelle „Die Marquise von O." beobachtet die Frau des Kommandanten mit bemerkenswerter Eifersuchtslosigkeit – zunächst insgeheim, durchs Schlüsselloch – ein schönes Bild: die Tochter auf Vaters Schoß. Nun öffnet die Mutter die Tür behutsam und sieht: „die Tochter still, mit zurückgebeugtem Nacken, die Augen fest geschlossen, in des Vaters Armen liegen: indessen dieser, auf dem Lehnstuhl sitzend, lange, heiße und lechzende Küsse, das große Auge voll glänzender Tränen, auf ihren Mund drückte: gerade wie ein Verliebter! Die Tochter sprach nicht, er sprach nicht; mit über sie gebeugtem Antlitz saß er, wie über das Mädchen seiner ersten Liebe, und legte ihr den Mund zurecht und küßte sie. Die Mutter fühlte sich wie eine Selige; ungesehen, wie sie hinter seinem Stuhle stand, säumte sie, die Lust der himmelfrohen Versöhnung, die ihrem Hause wieder geworden war, zu stören. Sie nahte sich dem Vater endlich und sah ihn, da er eben wieder mit Fingern und Lippen in unsäglicher Lust über den Mund seiner Tochter beschäftigt war, sich um den Stuhl herumbeugend von der Seite an."

Die Nuancen der Inbrunst in der Besitzergreifung, die Besitzergreifung in der Inbrunst stellt Kleist in dieser Szene väterlicher Kußfreudigkeit bemerkenswert sinnlich dar. Noch bemerkenswerter sind sie auf dem Hintergrund der Vorgeschichte. Denn zuvor – und deshalb ordnet die Mutter die zärtliche Zudringlichkeit des Vaters so beglückt wie arglos als „Lust der himmelfrohen Versöhnung" ein – hatte derselbe Mann mit militärischer Härte die Tochter des Hauses verwiesen mittels der Aufkündigungsformel, der wir mehr als einmal in unseren Geschichten begegnet sind und die traditionellerweise einzig einem Vater zusteht: Du bist meine Tochter nicht mehr. Und die Tochter hatte das Haus verlassen müssen. Der von Kleist gedichtete Vater hatte von seiner Tochter ein Leben lang eben dasselbe gewollt, das die literarischen Väter immer wieder gerade von ihren Töchtern begehren: Zärtlichkeit und Gehorsam. Töchter scheinen den Vätern eigens dafür geschaffen: weicher als der Sohn, unfertiger als die Ehefrau, mit noch formbarem Willen und, vor allem anderen, begierig, dem Vater zu Gefallen zu sein. In dieser idyllischen Szene führt die Tochter vor, daß es nichts gibt, was sie dem Vater nicht liebevoll verzeihen würde. Härte, Demütigung, die ungerechteste Aburteilung – alles vergessen auf Vaters Schoß.

Streitpunkt war der Sachverhalt gewesen, bei dem die Väter in Dichtung wie in Märchen der Völker allesamt kein Pardon geben. Die Marquise von O., seine Tochter, fand sich nämlich in dem unerhörten Falle vor, schwanger zu sein – und nicht zu wissen, von wem. Das konnte der Kommandant natürlich nur als Täterverschweigung, als dirnenhafte Libertinage ansehen. Und er demonstrierte prompt, daß die Vater-Liebe der Ehre des Familienvaters untergeordnet ist und auf Widerruf existiert.

Ein Fleck auf der Tadellosigkeit der Tochter, und das meint nahezu immer vor- oder außereheliche Sexualität, darüber kommen sie alle nicht hinweg, die Väter in den alten Geschichten, und zu ihnen gehören auch die Väter im Bürgerlichen Trauerspiel des ausgehenden 18. und beginnenden 19. Jahrhunderts. Lasse ich die Enge des Verhältnisses von Tochter zu Vater, von Vater zu Tochter, einmal auf mich wirken, so erscheint mir das eigentlich Tragische in diesen noch heute aufgeführten Theaterstücken das Alternativelose, Unfreie des töchterlichen Status zu sein; auf den Schultern die geballten Schuldgefühle, kein Schritt einer Befreiung, wohin auch? Der Vater stellt in dumpfer oder rasender Verzweiflung glaubwürdig dar, daß ihm der Boden unter den Füßen weggezogen wird mit dem Verlust der bürgerlichen Ehre der

Tochter. Aus ihr hatte er offensichtlich einen Gutteil seiner eigenen Identität bezogen. Die unmäßigen Ausbrüche der Väter verdanken sich zum Teil theatralischer Konvention, zum Teil aber auch der Tiefendimension der Beziehung zur Tochter. Diese ist wegen der bevorzugten Betrachtung von väterlicher „Vernunft" und „Autorität" nicht genau genug in den Blick gefaßt worden; denn sie ist weder dem typischen Vater der „strafenden Ordnung" noch dem der „liebenden Verzeihung" zuzuordnen. Die Töchter wiederum beziehen ihre Identität aus der Billigung der Väter; genauer: aus der verehrungsvollen Zärtlichkeit ihrer Väter, aus deren Stolz auf sie. Die Intimität innerhalb der bürgerlich-partriarchalen Kleinfamilie schloß immer schon wenigstens ein Familienglied aus. Je näher die Tochter an den Vater rückt, desto ferner rückt die Mutter beiden, auch hier.

Es wiederholt sich in den Stücken das inzwischen sattsam Bekannte: Die Väter sind die Anwälte und Vertreter der von ihnen geprägten gesellschaftlichen Normen und Hierarchien, und zugleich sind sie, unterhalb aller rationalen Argumentationen, ihren Töchtern mit einer Heftigkeit zugetan, das ein Verlangen nach Besitz nur schwer verhehlen kann, und sei's ein uneingestandenes, unwissentliches Verlangen. Diese Neigung erwidern die Töchter aufs innigste. In Schillers „ Kabale und Liebe" ist es selbst dem intriganten, kaltsinnigen Präsidenten-Sekretär mit dem sprechenden Namen „Wurm" in den Mund gelegt:

„Sie liebt ihren Vater – bis zur Leidenschaft, möcht ich sagen", und Luises Vater, der poltrige alte Musikus Miller, gesteht am Ende Ferdinand, dem adligen Geliebten der Tochter, auf dessen Frage, ob er weiter keine Kinder habe:

„Habe sonst keine mehr, Baron – wünsch' mir auch keins mehr. Das Mädel ist just so recht, mein ganzes Vaterherz einzustecken – hab' meine ganze Barschaft von Liebe an der Tochter schon zugesetzt." Ferdinand, hereingefallen auf die plumpen höfischen Intrigen und vor Liebesenttäuschung zum Mord an der Geliebten entschlossen, warnt den alten Miller:

„Hör' Er – Ich sag' Ihm, sie ist nicht unsterblich. Diese Tochter ist Sein Augapfel. Er hat sich mit Herz und Seel an diese Tochter gehängt. Sei Er vorsichtig, Miller. Nur ein verzweifelter Spieler setzt alles auf einen einzigen Wurf. Einen Waghals nennt man den Kaufmann, der auf ein Schiff sein ganzes Vermögen ladet – Hör' Er, denk' Er der Warnung nach —".

Aber dergleichen Vernünfteleien verfangen bei dem Alten natürlich gar nicht. Zur Tochter gewandt, als diese beim drohenden Verlust ihres Geliebten ihrerseits keinen Ausweg sieht als den Selbstmord, gesteht er es ihr:

„Du warst mein Abgott ... Du warst mein alles."

Luise spricht Weiterreichendes aus, als ihre Worte zunächst meinen, wenn sie ihm sagt:

„Halt! halt! O mein Vater! – Daß die Zärtlichkeit noch barbarischer zwingt als Tyrannenmut! – Was soll ich? Ich kann nicht! Was muß ich tun?"

Worauf der Vater gleich noch einmal barbarischen Zwang ausübt mit einer sanft klingenden Erpressung:

„Wenn die Küsse deines Majors heißer brennen als die Tränen deines Vaters – stirb!"

Luise befindet sich in der Situation, die Kafka in seiner Kleinen Fabel inszeniert: In welche Richtung die Maus auch läuft, sie wird gefressen. So erfüllt sich die Tragödie dadurch, daß der Tochter der Geliebte entrissen wird, wie auch die Tochter ihrem Vater entrissen wird. Dem wird sein „alles", sein einziger „Besitz", durch den jungen Adligen zerstört, der daran gewöhnt ist, sich Spontaneität leisten zu können: zuerst in einer Liebe, die die herrschenden Standesgrenzen zu ignorieren wagte, und dann durch den Mord an der fälschlich beschuldigten Geliebten. Als er in glücklichen Zeiten mit ihr zu fliehen entschlossen war, hatte sie sich geweigert, den Vater zu verlassen. Der Mann, auf den Ferdinand zu recht hätte eifersüchtig sein können, war einzig ihr Vater.

Es gibt nur einen Trost für den Vater beim Verlust seiner Tochter an einen anderen Mann: Wenn das in allen Ehren vor sich geht. Wenn der Geliebte der Tochter den väterlichen Werten entspricht, wenn er ein Ehrenmann ist, und das heißt: wohlhabend genug, sie zu heiraten – und gezähmt genug, sie vor der Ehe nicht zu berühren. In einer der Hochzeitszeremonien drückt sich das geradezu als offenes Geheimnis aus: wenn der Vater die Braut an seinem Arm zum Altar führt und sie dort dem neuen Mann aushändigt.

Um einen Augenblick die Verhältnisse des Bürgerlichen Trauerspiels zu verlassen: Virginia Woolf gibt einen Einblick in die Strategien ihres Vaters, mit denen er die Hochzeit von Stella, seiner ältesten Stieftochter, über viele Monate hinauszögert: „Es war eine gemeine, grausame und unnütze Quälerei für die beiden ... Letztlich wurde das – anscheinend vom Vater erpreßte und stillschweigend zugestandene – Versprechen unerträglich, daß sie auch nach ihrer Heirat weiter mit uns leben würden ... Im Laufe der Verlobungszeit wurde Vater tatsächlich zunehmend despotischer. Er konnte den Namen ‚Jack' nicht leiden, und ich erinnere mich an seinen Ausspruch, er höre sich an wie ein Peitschenknall. Er war eindeutig eifersüchtig. Sonst war damals nichts eindeutig. Er beharrte auf seiner üblichen Pose: Er war der einsame, der verlassene, der alte unglückliche Mann. In Wirklichkeit war er egoistisch, gekränkt, eifersüchtig auf den jüngeren Mann. Es gab keine Ausrede, die ihm nicht recht gewesen wäre, hätte man ihn nach dem Grund seiner Ausbrüche gefragt. Und da er sich inzwischen weg von jeder Wahrheit in eine Welt vergraben hatte, die zu schildern fast unmöglich ist ..., war die Verlobung unglaublich kompliziert, gestört und gefährdet." Endlich hat sich seine Verzögerungstaktik erschöpft, und die feierliche Hochzeit findet statt: „... und Vater schritt, mit Stella am Arm, durch den Mittelgang zum Altar." Stellas Brüder sind empört, daß sie nicht Brautführer sein dürfen. „Niemand hätte gewagt, ihm dieses Privileg streitig zu machen.

Irgendwie war es typisch für ihn – seine Arroganz, und wie er seine Rolle genoß."

In Lessings „Emilia Galotti" ist der Tragödie gleich zu Beginn die Bahn bereitet:

„Das gerade wäre der Ort, wo ich am tödlichsten zu verwunden bin!" sagt Odoardo Galotti ahnungsvoll, als ihm seine Frau von der Bewunderung des Prinzen für ihre Tochter Emilia naiv stolz erzählt. Es ist unmittelbar vor der Hochzeit der Tochter mit dem Mann, den der Vater vollständig billigt: „Kaum kann ich's erwarten, diesen würdigen jungen Mann meinen Sohn zu nennen. Alles entzückt mich an ihm. Und vor allem der Entschluß, in seinen väterlichen Tälern sich selbst zu leben."

Dieses nämlich entspricht aufs genaueste der Einstellung des alten Galotti, dem Lessing hier ein aufklärerisches Motiv der Zeit in den Mund legt: die Absage an das eitle Hofleben der Stadt. Der Mann der Tochter wird wieder einmal als das Alter Ego des Vaters gekennzeichnet. An dem Ort, wo er am tödlichsten zu verwunden wäre, da *wird* er in der Tat auch tödlich verwundet, am geplanten Ehrentag, dem Hochzeitstag. Täter ist der Prinz, der seine Macht gegenüber dem unbotmäßigen Bürgerlichen nirgendwo wirkungsvoller geltend machen kann als an dessen Tochter, dem empfindlichsten Zentrum der Ehre des Vaters. Die Tochter identifiziert sich nicht nur vollständig mit dem väterlichen Ehrenkodex, sie ist ihm sogar an Rigorosität überlegen. Sie gemahnt ihn an das römische Vorbild, den Vater der Lucretia: „Ehedem wohl gab es einen Vater, der seine Tochter von der Schande zu retten, ihr den ersten, den besten Stahl in das Herz senkte – ihr zum zweiten Mal das Leben gab. Aber alle solche Taten sind von ehedem! Solche Väter gibt es keine mehr!" Dieser Appell erreicht den alten Galotti: Er ersticht die Tochter, und diese Monstrosität soll als äußerster Akt der Vaterliebe gelten.

In des Euripides Tragödie „Iphigenie auf Aulis" ist der Vater Agamemnon als oberster Kriegsherr bereit, die Tochter auf dem Altar der Vaterlandsliebe zu opfern: um günstiger Winde für seine Kriegsflotte willen verlangte Göttin Artemis, daß die Tochter durch seine Hand sterbe. In welchem Namen auch immer das geschieht – das Tochteropfer hat Tradition.

Hier handelt es sich, doppelt monströs, um eine prophylaktische Maßnahme, denn der Sturm hatte die Rose noch gar nicht entblättert – in den Worten des von Tochter und Vater gebrauchten Bildes gesprochen. Die Tochter erlebt ihre Tötung durch des Vaters Hand als Liebestod.

Die Tugend der Tochter ist die Ehre des Vaters. Auf die Spitze getrieben wird das wenige Jahrzehnte nach Lessings und Schillers Darstellungen von Friedrich Hebbel in seinem Bürgerlichen Trauerspiel von 1843 „Maria Magdalena". Ein gelehrter Kommentator wußte um 1950 zum ausweglosen, elenden Schicksal der Tochter Klara folgendes anzumerken:

„In ihrer Gebundenheit an die väterliche gesellschaftliche Denkform lebt trotz allem eine höhere, menschliche Sittlichkeit des Duldens, die für Hebbel die Idee des Weibes verkörperte, und von hier wächst Klara über die Düsterkeit der gehetzten, wehrlos preisgegebenen Kreatur hinaus und zeigt etwas von dem Adel reiner Menschlichkeit, den sie selbst kaum zu leben wagt, und der dennoch der einzige, wenn auch unendlich schwache, tröstende Schimmer in der Unmenschlichkeit dieser bürgerlichen Welt ist." Das sind letztlich Töne des Einverständnisses, wie sie jahrhundertelang von Männern zu hören waren, die mit „höherer, menschlicher Sittlichkeit des Duldens" und dem „Adel reiner Menschlichkeit" der Opfer-Rolle von Töchtern das Wort redeten. Ich vermag in Hebbels Tochter-Tragödie beim besten Willen keinen „tröstenden Schimmer" zu entdecken, sondern in der Kunstgestalt wie in einem Konzentrat verdichtet alle Bestandteile der historischen Vater-Tochter-Konstellation in ihrer schlimmstmöglichen Ausprägung: die Armut der Familie und die starrsinnige Borniertheit des alleinherrschenden Vaters, die sich als Rechtlichkeit versteht und dabei doch als blinde Abhängigkeit vom „guten Ruf" zutage tritt. Komplementär dazu steht die Schwäche der Mutter, die als eine schleichende Krankheit zum Tode führt.

Hebbel setzt in Bildern gegeneinander, was diese Familienkonstellation beim Sohn bewirkt und was bei der Tochter. In der letzten Auseinandersetzung zwischen Karl, dem Sohn, der der Mutter verzogener Liebling war, und Klara, der Tochter, die der Bruder als des Vaters „Freude“, sein „Schoßkind“ bezeichnet, kreisen die Argumente des Sohns ungerührt und unerbittlich um seine eigenen Bedürfnisse und Rechte, und dabei singt er zwischendrin die Zeilen eines Liedes:

„Dort bläht ein Schiff die Segel,
Frisch saust hinein der Wind!
Der Anker wird gelichtet,
Das Steuer flugs gerichtet,
nun fliegt's hinaus geschwind!“

Das Lied endet so:

„Ich bin ja jung von Jahren,
Da ist's mir nur um's Fahren,
Wohin? Das gilt mir gleich!“

Der Sohn konnte die mörderischen Konflikte mit dem Vater, der Familienehre und den Vorurteilen der Dorfgemeinde überleben; er kann Initiative entfalten und den einschnürend engen Familienrahmen verlassen, da die Mutter tot ist. Er kann dieses Lied singen, es ist seinen Wünschen und Plänen gemäß. Klara hingegen fühlt sich leidenschaftlich in den Vater ein. Ihre einzige Initiative besteht darin, dem Vater die „Schande“ ihrer nicht durch die Ehe abgesegneten Schwangerschaft zu ersparen. Wenn sie aufbricht, so ist ihr Ziel der Tod. Aber selbst dieser armselige Aufbruch – der Sturz in den Brunnen beim Wasserholen – mißlingt, weil er um seinen Sinn gebracht ist. Sie ist nicht unglücklich hineingestürzt, sondern in ihrem Unglück hineingesprungen: „Sie hat mir nichts erspart – man hat's gesehen!“ das sind die Worte des Vaters zum Tod der Tochter.

Klara hat ihren Platz in der langen Geschichte der Opferung und Selbstopferung der Frau. Die ist kein Teil der Naturgeschichte und kann deshalb auch endlich beendet werden. Um diese kritische Einsicht bringt sich, wer mit Hebbel die „Idee des Weibes" in „höherer Sittlichkeit des Duldens" verkörpert sieht, ebenso wie der, der als „Frauen-Schicksal" bezeichnet, was Klara widerfahren ist. Hebbel legt dies Wort dem Bruder in den Mund, gleichsam als Volkes Stimme. Daß das Private zugleich das Öffentliche ist, diese scheinbar junge Einsicht demonstriert das Bürgerliche Trauerspiel zugleich mit der Tatsache, daß allenfalls die Söhne noch eine Chance zum Entkommen gehabt haben in der Autoritätsstruktur dieser Familien. Die Töchter nicht.

Es ist wert, festgehalten zu werden, wie die Mütter in diesen Trauerspielen dargestellt werden: Allesamt ohne offiziellen Einfluß, aber mit subversiv ausgekostetem Handlungsspielraum im kleinen Rahmen, dem Kuppeln nicht abgeneigt, haben sie von sich aus eigentlich überhaupt kein Verhältnis zu dem Fetisch ihrer Ehemänner, „Ehre" genannt, und präsentieren sich damit in genau der Haltung, die Frauenfeinde aller Jahrhunderte als „moralischen Schwachsinn des Weibes" zu etikettieren wußten. Die Mütter dieser Stücke handeln fern dem Starrsinn eines Ehrenkodexes, der zu Lasten und auf Kosten der Töchter geht.

Unerachtet dieser Tatsache gilt jedoch: Die Töchter halten es mit den Vätern.

Auch in Kleists Novelle „Die Marquise von O." steht die Mutter unverbrüchlich und unbedingt zur Tochter – der Vater nicht. Erst als die Mutter mit Hilfe einer List jeden Schatten eines Zweifels an der Aufrichtigkeit der Tochter beseitigen kann und daraufhin in flammender Empörung den Kommandanten zum Einlenken geradezu zwingt, da kommt es zu jener Versöhnungsszene. Was die Mutter eigentlich erreichen wollte: nämlich, daß der Vater die Tochter ausdrücklich um Verzeihung bittet, – das allerdings gelingt ihr nicht. Der Vater ist so zerknirscht, daß er nicht zu sprechen vermag, – und so dokumentiert er seinen Sinneswandel in der für ihn angenehmeren Weise, indem er sie sich einen Augenblick lang nach Art eines Liebhabers zu eigen macht. Zuvor allerdings hatte er geheult, „daß die Wände erschallten."

Was Kleist, in der Hochblüte patriarchalischer Verhältnisse, dieser Mutter in den Mund legt, ist beispiellos: „Ich liebe ihn, aber dich auch; ich ehre ihn, aber dich auch. Und muß ich eine Wahl treffen, so bist du vortrefflicher als er, und ich bleibe bei dir." Sie bewährt sich als Korrektiv der patriarchalen Macht in der Familie. Damit verkörpert sie auch eine sichere Gegenmacht anderer Art.

In dieser Geschichte einer unerhörten Begebenheit meldet sich nämlich für die Leserin von heute sowohl durch die Details der Szene auf dem väterlichen Schoß wie durch das voraufgegangene Geschehen zwischen den Zeilen ein Verdacht an: daß es sich bei der zornesgrollenden Reaktion des Vaters nur scheinbar um rein moralische Entrüstung handele; uneingestanden und unbewußt stehe dahinter vielmehr wieder einmal der Drang, allein derjenige zu sein, der die körperlichen Reize der Tochter besitzt. Solche inzestuösen Anstößigkeiten aber werden lautstark übertönt vom moralischen Pathos, das Töchter-Vätern in der Literatur nur allzu leicht von den Lippen geht.

*

„Dies ist mein frühestes Bild, denn ich, Liebling des Vaters und an Politik interessiert wie keines meiner zahlreichen Geschwister, ich durfte bei ihnen sitzen und hören, was sie redeten, oft auf Priamos' Schoß, die Hand in seiner Schulterbeuge (die Stelle, die ich an Aineias am meisten liebe)". In dieser Geschichte ist wieder einmal nicht ein Sohn, sondern eine Tochter „Liebling des Vaters"; und an anderer Stelle heißt es: „Priamos, der König, war der Mensch, den ich als Kind über alle Menschen liebte."

Kassandra spricht, die trojanische Unglücksprophetin, von Christa Wolf aus mythischen Zeiten in die Gegenwart hereingeholt. Sie spricht als eine Frau, mit der sich die Autorin in vielen Zügen identifiziert. Die Szene, in der die Tochter auf dem Schoß des König-Vaters ihren Platz hat, gehört schon der Vergangenheit an. Aber sie ist es wert, genau betrachtet zu werden.

Äußerlich gesehen, nimmt die Tochter am politischen Leben teil. Aber die vertrauliche Stellung, mit der liebenden Geste, die Intimität ausdrückt und die sie später ihren Geliebten vom Vater erben läßt, erweist sich bald als trügerisch. Als sein liebes Kind darf die Tochter an den Staatsgeschäften teilhaben: als sein *liebes* Kind. Das heißt genauso lange, wie sie des Vaters Politik bewundert und unterstützt. Sie sitzt auf dem Schoß durchaus ohne Sitz und Stimme; sie sitzt dort wie eine Verlängerung des Körpers des Vaters, und sie sitzt dort auf Widerruf. Was er von ihr erwartet, ist – wieder einmal – Trost durch Gehorsam. Hekabe, die kluge Mutter, warnt die Tochter beizeiten, sie solle zusehen, nicht „zu tief in ihres Vaters Seele" zu kriechen. Aber die Tochter glaubt sich sicher: Ist sie nicht Liebling des Vaters? Je mehr sie die Vorwände durchschaut und in die Kriegsvorbereitungen hineinsieht, je mehr sie sich dem verordneten Jubel entzieht, desto mehr entfernt sie sich von Vaters Schoß. Bis es dann soweit ist: Sie merkt, daß sie überwacht wird. Sie lief „zum Vater, stieß auf den König, die Maske." Er spricht nicht mehr als der Vertraute, sondern als der Politiker: Sie werde nicht von Überwachern begleitet, sondern von Beschützern. Die Trennung ist nicht mehr aufzuhalten.

Die Öffentlichkeitsrolle des Vaters verweist genau wieder auf das alte Schema: Politik gehört zu den Welt-Geschäften, und Welt-Geschäfte sind dort im Troja der Fiktion wie in unserer historischen Wirklichkeit, allen Zugeständnissen an Frauen unerachtet, eindeutig und uneingeschränkt Männersache. Kassandra erfährt: Die Tochter, die nein sagt zu den Kriegsvorbereitungen, wird für wahnsinnig erklärt und eingesperrt. Es hatte der Tochter nichts genützt, daß sie „wie ein Mann" geworden war; daß sie als Priesterin in Staatsdiensten funktioniert hatte, daß sie gerühmt wurde für ihre Schmerzunempfindlichkeit, daß sie für den Vater keine Konkurrenz-Bedrohung darstellte, da sie es auf seinen Thron nie hatte absehen können. Beim ersten großen Konflikt stellt sich heraus: Er hatte nicht sie gemeint, sondern nur sein Wunschbild von seiner Tochter. Als Tochter hat sie überhaupt keine Macht, wenn sie ihm nicht schmeichelt oder ihm Trost spendet. Die Rolle der Nein-Sagenden ist mit der Tochter-Rolle nicht zu vereinbaren. Als sie keine Angst mehr vor der Einsamkeit hat, denn sie hat nichts mehr zu verlieren, kann sie ihm sagen, was sie von diesem ganzen Schwindel um Helena als Kriegsgrund hält: „Ein Krieg, um ein Phantom geführt, kann nur verlorengehen". Das hätte sie nicht sagen dürfen. „Und König Priamos der Vater erhob sich langsam, furchterregend und brüllte dann, wie ihn nie einer brüllen hörte. Seine Tochter! Sie, von allen sie mußte es sein, die hier im Rat von Troia für die Feinde sprach. Anstatt eindeutig, öffentlich und laut hier und im Tempel so wie auf dem Markt für Troia zu sprechen. Ich sprach für Troia, Vater, sagte ich noch leise. Ein Zittern konnte ich nicht unterdrücken. Der König schüttelte die Fäuste, schrie: ... Hinaus mit der Person. Sie ist mein Kind nicht mehr. Die Hände wieder, der Geruch nach Angst. Ich wurde weggeführt."

Wie das ineinander verhakt ist: der König – der Vater, und für die Tochter ist er doch immer noch vor allem anderen: Vater. So schlägt er zurück mit der Waffe des Vaters, der Herrscher ist – nicht anders als der alte König Lear und der alte Kommandant in Kleists Geschichte zuvor: „Sie ist mein Kind nicht mehr."

Die Tochter wird nach einer langen Zeit mitschuldiger Identifizierung mit dem Vater sehend. Das heißt: Sie sieht einen Machtpolitiker, der nur noch im biologischen Sinne ihr Vater ist. Der kann ihr nicht mehr „Vater" heißen.

*

„Vater" – was das Wort an Wunsch-Gehalt, an Bild-Vorstellungen immer noch enthält und mitschwingen läßt, von einem, auf dessen Schoß die Tochter im schlimmen Fall Überwältigung erfahren kann, im guten aber Geborgenheit erfährt, all das Komplexe, Komplizierte, Vermischte, zwischen Privatem und Öffentlichem sich Erstreckende, angereichert mit Assoziationen bis zurück zu ehrwürdigen Patriarchen, weise, gerecht, gütig, lebenssatt in ihrem Alter, von denen noch die Vorstellung vom „Landesvater" zehrte – all das droht sich bei der Personalunion: Vater – führender Politiker zur traurigen Eindeutigkeit negativer Assoziationen zusammenzuziehen.

Da setzt Monika Marons Roman „Stille Zeile Sechs" aus dem Jahr 1991 ein. Da ihr Buch, anders als „Kassandra" seinerzeit, nicht in einem Land erschienen ist, in dem jedes Druck-Erzeugnis die Zensur durchlaufen mußte, da sie, die Autorin von „Flugasche", schon auf einige Jahre aufklärerischer Ent-täuschung zurückblickte, kann sie die Dinge beim Namen nennen; sie war schon 1988 in den Westen gezogen. Was hinter Christa Wolfs schmerzlichem Abschied von einem Vater namens Priamos und den „Ihren" unschwer zu erkennen war – sie selbst bezeichnete in Interviews „Kassandra" als ihr „politischstes" Buch –, das steht bei Maron unverhohlen, ohne mythischen Faltenwurf, als Gegenwart im Vordergrund.

Sie erzählt von einer Tochter, die den Vater überlebt und das zu genießen vorhat. Sie schreibt als eine Tochter, die die pietätvolle Rührung des Bürgerlichen Trauerspiels satt hat, die überhaupt alle die Veranstaltungen zu Ehren alter Väter satt hat, die literarischen und die jahrhundertelang praktizierten ebenso wie die gerade hinter ihr liegenden, offiziell verordneten. Eine Besonderheit dieser Erzählerin ist, daß sie die Fragen nicht stellt, die die Generationen der Töchter und Söhne vor ihr (sie ist 1941 geboren) an ihre Väter gerichtet haben und die als die einzigen politisch relevanten Fragen in dem Teil Deutschlands zugelassen waren, in dem Monika Maron fast vierzig Jahre ihres Lebens verbracht hatte:

„Es geht um anderes, antworte ich dir. Nicht du stellst Fragen, sondern ich. Warst du PG? Natürlich warst du PG, als ob ich das vergessen hätte. Als du längst tot warst, entnazifizierte dich der Ausschuß, und meine Mutter zahlte 44 Mark und 65 Pfennig, obwohl du doch tot warst. Aber ich meine, warst Du ein *guter* PG, oder vielleicht nur ein Mitläufer, einer von den Drückebergern, die als Letzte überredet wurden?" Dies fragt die Tochter in einer Geschichte von Elisabeth Borchers, 1926 geboren.

Ruth Rehmann, 1922 geboren, nennt ihr Buch „Der Mann auf der Kanzel" im Untertitel: „Fragen an einen Vater". Es ist ihr Sohn, der wissen will, wie ihr Vater „mit den Lebensdaten 1875–1940 sich zum Nationalsozialismus verhalten hat." Die Tochter muß sich eingestehen: „‚Das Familiengedächtnis funktioniert nicht mehr', sagte ich. Es hat eine Störung in der Leitung: Nazizeit, Krieg, Zusammenbruch. Wie überliefert man Väter, die weder Naziverbrecher noch Widerstandskämpfer waren?'"

„Wenn von Politik die Rede ist, stellt das Wort Vater sich von selber ein. Nur in die Zeitgeschichte hinein läßt sich ein klares Bild von ihm zeichnen; im persönlichen Bereich bleibt er zwielichtig. *Er ist alles, bloß kein Nazi*", heißt es bei Eva Zeller, geboren 1923.

Das ist hier bei Monika Maron kein Thema. Der Vater der Tochter Rosalind, von der der Roman erzählt, verschmilzt mit einem repräsentativen SED-Funktionär der Führungsclique der DDR Mitte der achtziger Jahre. Wieder einmal gibt die Beerdigung den Rahmen her, wieder einmal nimmt eine Tochter Abschied, allerdings ohne Trauer. Im Unterschied zu anderen Büchern, in denen der Friedhof ein wichtiger Ort ist, Zielort, Ausgangspunkt, ist Rosalind nicht auf der Suche nach einem rätselhaften, unbekannten, verschwundenen Vater. Im Gegenteil: Sie kennt den Vater und die Väter, die ihr in Gestalt alter Männer vor Augen stehen, nur allzu gut. Woran sie leidet, das ist diese Bekanntschaft bis zum Überdruß. Sie kennt alle die Stationen ihrer Laufbahnen im Anschluß an die lupenrein proletarische Herkunft. Die zählt sie auf, haßerfüllt, weil sie zu lange dazu gezwungen worden sei, sie herzubeten wie eine Litanei.

Sie nennt es selbst ihre „Verhaltensstörung gegenüber alten Männern", von der sie sich provozieren läßt zum Herbeischaffen immer neuer Begründungen für sie.

„Mein Widerwille gegen solche und ähnliche Symptome männlichen Alters steigerte sich zur Feindseligkeit, wenn mein Ohr von einem bestimmten knarrigen und nörgelnden Ton getroffen wurde, einem Ton, in dem sich das uneinsichtige Quengeln eines Kindes mit rechthaberischer Gereiztheit mischte. Unbezähmbare Haßgefühle konnte ein solcher Ton in mir auslösen."

In ihrer Kindheit war das noch anders gewesen. „Ich hatte mir gewünscht, einen Vater zu haben. Mütter hatten alle. Wer aber sagen konnte: Das hat mir mein Vater verboten, verfügte über eine Kostbarkeit." Als die Mutter mit einem Mann zusammenzieht, versucht die Tochter drei Jahre lang, ihn anzureden „mit einem unser verwandtschaftliches Verhältnis bezeichnenden Wort". Sie wartet auf ein Zeichen von ihm, „damit ich, sobald ich das Wort ausgesprochen hätte, nicht als Lügnerin dastehen würde vor ihm und mir."

Da wird es offenbar: Vater, Vati, Papa, das sind für Rosalind Worte mit Wahrheitsgehalt gewesen. Der Mann der Mutter gibt aber kein Zeichen, auch nicht, als die Zehnjährige für ihn zur Heimkehr aus den Ferien – die Eltern waren ohne sie verreist – eine Riesenschüssel voll wirklich gelungener Zitronencreme gerührt hatte, „aus zwanzig Eiern". Der Mann bezeichnete sich als Kommunisten. Auch das war einmal ein Wort mit Wahrheitsgehalt gewesen. Aus dieser frühen Erfahrung leitet sie heute eine Definition ab, die nur scheinbar albern ist: Kommunist, das sei „jemand, der sich bei einem Kind, das ihm eine große Schüssel Zitronencreme schenkt, nicht bedankt, weil er gerade mit der Weltrevolution beschäftigt ist."

Der Vater, gelernter Dreher, war im Schnellverfahren Lehrer geworden: „Ich fragte mich, da ich ihn nicht fragen konnte, wie er es ertrug, Tag für Tag vor seinen Schülern zu stehen und über die Geschichte des Klassenkampfs zu sprechen. Alle zwei Jahre neue, unverbrauchte Feinde. Einige gibt es immer, die sich ihre Fragen nicht verbieten lassen. Was antwortete mein Vater, wenn so ein Mutiger wissen wollte, was es mit diesem Hotel Lux (dem Emigrantenhotel in Moskau, für viele ein Ort des Todes, des Verrats) auf sich hatte und mit dem Archipel Gulag." Sie weiß es: Der Vater hatte die Antwort verweigert und statt dessen Nachforschungen darüber angestellt, woher der Fragende das Material für seine Fragen bezogen habe – und im Nu hatte er aus dem Fragenden einen Verdächtigen, einen Angeklagten gemacht. Aber die Tochter weiß auch: Diese Fragen hat er nicht loswerden können. Sie richtet diese und andere unerwünschte Fragen stellvertretend an die Vaterfigur ihr gegenüber. Auch dieser Mann verschanzt sich hinter seinen Argumenten, er übernimmt keine Verantwortung für seine Taten.

Rosalind und die Erzählerin mit ihr nimmt als erwachsene Tochter dem Vater gegenüber die Perspektive des Kindes ein, das den Kaiser als nackt bezeichnet. Jenes Kind befand sich in einer Umgebung, die sich nicht genugtun konnte in Lob und Preis der neuen Kleider des Kaisers. Auch der hinter der Erzählerin und Rosalind stehenden Monika Maron scheint eine solche Umgebung nicht fremd zu sein.

Hier versucht sich eine Autorin einen Roman lang im Wüten gegen das übermäßig Bekannte, das ihr „Vater" heißt. Die Tradition verehrungsvoller, unterwürfiger, geopferter literarischer Töchter hat sie dabei im Rücken oder als Last auf den Schultern, sie mögen Emilia heißen oder Luise, oder die Namen tragen, die Brigitte Reimann den für den Sozialismus gutgläubig kämpfenden Geschöpfen ihrer dichterischen Einbildungskraft gab, oder Josefa, wie Marons eigene Tochtergestalt in ihrem Roman „Flugasche" heißt, die seinerzeit ebenso kämpferisch war und unterlag.

Die Erzählerin hat sich, aus keinem überzeugenden Grund außer dem des Geldmangels, darauf eingelassen, ausgerechnet einem dieser Väter bei der Verfertigung seiner Memoiren als bezahlte Schreibkraft zur Hand zu gehen. Zweimal in der Woche geht sie in seine Villa im Pankower Villenviertel und setzt sich ihm gegenüber an die Schreibmaschine Marke „Rheinmetall". Für eine Tochter, die ohnehin schon alles über diese fertig vorgestanzten Bestandteile einer Vater-Vita weiß, mitsamt den ihnen zugeordneten Sprachfloskeln, ist wohl keine größere Pein denkbar, als sie nun noch einmal, ausführlich, diktiert zu bekommen. Oft führt sie seine Sätze probeweise selbst zu Ende, und es ist immer genau das, was er gerade sagen wollte. Wörtlich.

„Ja, sagte Beerenbaum, es war eine schwere, aber schöne Zeit. Und wir haben viel erreicht.

Und das werden Sie verteidigen gegen jeden, der ...

... der das Rad der Geschichte zurückdrehen will. Jawohl, das werden wir, sagte Beerenbaum. Erst danach sah er mich erstaunt an."

Das Bemerkenswerte an dieser Erzählung ist, daß sie ironisch, selbstironisch und schneidend kritisch die einstmals herrschenden alten Männer der DDR charakterisiert und karikiert, dabei aber gleichzeitig die Bitterkeit einer verrät, die – wie Sylvia Plath in ihrem Gedicht „Daddy" – den Vater offensichtlich immer noch nicht lassen kann. Wie genau schaut diese Tochter immer noch einmal hin, um sich ihrer Empörung erneut zu versichern, der Empörung über das Wort „Klasseninstinkt" beispielsweise, mit dem ihr Vater – wie der Mann, für den sie jetzt die Memoiren aufschreibt – seine Unfehlbarkeit hochhielt. Das Phrasenhafte der Darstellung des eigenen Lebens – „Schon als kleiner Knirps wußte ich, daß das Herz links saß und der Feind rechts stand" – erregt sie, es ist verknüpft mit zu vielen Erinnerungen, die wie ein Echo einfallen in die Worte des Mannes ihr gegenüber. Dabei hat sie an den ihr diktierten Sachverhalten weniger auszusetzen als an dem „müden rechthaberischen" Zug um den Mund des Mannes, an dem „Ton, der Selbstgewißheit seiner Sprache". Denn: „Mit dieser Sprache war ich aufgewachsen".

Endlich gönnt sie sich mit dem Mann, der denkt und spricht wie ihr Vater, den Zusammenstoß, die Anklage, ohne Rücksicht, ohne Schonung, voller Wut: „Euer eigenes Leben hat euch nicht gereicht, es war euch zu schäbig, ihr habt auch noch unser Leben verbraucht, Menschenfresser seid ihr, Sklavenhalter mit einem Heer von Folterknechten." Die Erzählerin läßt eine Tochter laut werden, zum ersten Mal in ihrem Leben. Der herzkranke alte

Mann stirbt an der Aufregung. Da kann sie nicht eindeutig erleichtert sein: Es tut ihr leid, sie will nicht schuld sein – und: Es ist ihr noch nicht genug, sie muß ihn mit Vorstellungen in ihrem Kopf noch einmal gewalttätig töten, auf eine hilflos brutale Art mit der eigenen Faust und den eigenen Füßen.

Sie weiß, wie tief sie noch geprägt ist von den Vätern und vom Vater, und daß dieser Abwehrzauber keine Befreiung bringen kann. Sie hofft auf die Zeit: Nicht morgen – erst übermorgen wird sie ein Leben führen können, in dem er sich nicht mehr andauernd zu Wort meldet in ihrem Kopf mit seinen hohlklingenden Vater-Sätzen.

# Drei Augenblicke

Zu ihrem Roman „Zum Leuchtturm" merkt Virginia Woolf im Tagebuch an: „... der Charakter von Vater soll darin voll dargestellt werden; & der von Mutter; & St. Ives; & die Kindheit; ... Aber die Mitte ist der Charakter des Vaters, wie er in einem Boot sitzt und ‚We perished all alone' rezitiert, während er eine sterbende Makrele zerquetscht".

Das waren Pläne. Als sie den Roman dann geschrieben hatte, waren in der Tat die Charaktere eines Mannes und einer Frau dargestellt, aber entgegen den Anmerkungen im Tagebuch ist es die Mutter, die unübersehbar die Mitte bildet – die Mitte der Familie und die des Romans. Ihre Anwesenheit ist die Mitte und nach ihrem Tod ihre Abwesenheit. Aber auf den Vater fallen am häufigsten die Blicke – der Mutter, der Kinder, der Malerin. Sein Wesen ist es, das die widersprüchlichsten Gefühle erweckt, in ein und demselben Menschen, oft zur selben Zeit. Und insofern ist von allen Charakteren der seine die Mitte.

Die im Tagebuch skizzierte Szene ist schon überaus bezeichnend für ihn – „ wie er in einem Boot sitzt und ‚We perished all alone' rezitiert, während er eine sterbende Makrele zerquetscht." Sein Verweilen in anderen geistigen Räumen als denen, in denen er sich körperlich gerade befindet, drückt sich nämlich häufig darin aus, daß er in Verszeilen oder auch nur Versbruchstücke ausbricht, die er in erschreckender Plötzlichkeit und dröhnender Lautstärke von sich schleudert. Er versteht sich, das genügt ihm in solchen Augenblicken, in der die anderen Anwesenden ratlos oder, wie seine Kinder meistens, peinlich berührt sind. Hier, in der skizzierten Szene, paßt das Zitat ironisch in die Situation auf dem Boot hinein; es entstammt einer Ballade über einen ertrunkenen Seemann, deren Schlußstrophe die Zeile enthält: „Wir gingen unter, jeder allein". Gleichzeitig trifft es die Gemütsverfassung, auf die er seine Kinder und alle andern ständig aufmerksam macht: Er leidet an schmerzlicher Einsamkeit seit dem Tod seiner Frau. Daß er dabei eine Makrele zerquetscht, fügt sich gut zu der Tatsache, daß er häufig sehr zufrieden aussehen kann, wenn er trostlose Äußerungen von sich gibt. In ihm selbst ist die Mischung von widersprechenden Gefühlen, die er auch seiner Umgebung einflößt. Die wichtigsten Zutaten dieser Gefühlsmischung sind Selbstmitleid, zusammen mit dem Appell an das Mitgefühl seiner Umgebung, und stolze Unbekümmertheit, Überlegenheit und Unabhängigkeit von Gefühlen und Urteilen anderer.

Der Roman wird eröffnet von zwei Weisen, mit einem Kind zu sprechen: Da sind Mrs. Ramsay und Mr. Ramsay und ihr kleiner Sohn James. Die Mutter, immer auf der Seite der Wünsche anderer, nährt seine Hoffnungen, morgen werde schönes Wetter sein, so daß sie auf die Insel mit dem Leuchtturm fahren können. Der Vater hingegen macht die Hoffnungen zunichte mit dem Hinweis, daß es gewiß nicht schön sein werde. „Was er sagte, war wahr. Es war immer wahr. Der Unwahrheit war er gar nicht fähig; deutelte nie an einer Tatsache herum; änderte nie ein unangenehmes Wort irgendeinem Sterblichen zur Freude oder zu Gefallen, am allerwenigsten seinen eigenen Kindern". Diese Rigorosität kann er später, nach dem Tod seiner Frau, nicht mehr aufrechterhalten. Da ist er nämlich in einem unvorhersehbar gewachsenen Maße auf die Kinder als Spender von Mitgefühl angewiesen. Zu ihren Lebzeiten war Mrs. Ramsay die Hauptspenderin gewesen.

Nun erst – die Mutter ist seit Jahren tot – sitzen sie in dem Boot und unternehmen die Fahrt zum Leuchtturm, von der zu Beginn die Rede war. Natürlich war seinerzeit schlechtes Wetter gewesen, sie waren damals nicht gefahren. Jetzt fahren sie, und die Augen des Sohnes James ruhen auf dem Segel, für das er verantwortlich ist, und die Augen der Tochter Cam ruhen verstohlen auf dem Gesicht des Vaters. Die Kinder wollten gar nicht zum Leuchtturm. Aber einer Aufforderung von ihm nicht nachzukommen, ist ihnen nicht möglich. Er würde beim leisesten Vorbehalt eine Tragödie aufführen, als hätten sie ihn, den gebrochenen alten Mann, mitten ins Herz getroffen. Er kann, aus dem Stand sozusagen, aus einem aufrechten kräftigen Mann sich fallenlassen und zu einem hinfälligen Greis werden. Sie gebrauchen das Wort „Tyrannei" dafür. Sie sind seine Tyrannei leid und wollen ihr Widerstand leisten, das ist ihr geheimer Pakt. Sie wollen nicht mehr auf ihn hereinfallen, heißt das. Sie werden es jedoch immer wieder tun.

Cam will den Pakt mit dem Bruder unbedingt halten und dem Vater nicht antworten, der diesmal doch einfühlend wie früher nie die richtige Frage stellt: nach ihrem kleinen Hund. Aber sie möchte dem Vater auch wiederum gerne antworten.

„Denn, dachte sie, mit der Hand im Wasser plätschernd ..., James anblickend, der die Augen leidenschaftslos auf das Segel gerichtet hielt oder dann und wann eine Sekunde lang zum Himmel aufblickte, du bist dem nicht ausgesetzt, diesem Druck, dieser Spaltung der Gefühle, dieser außerordentlichen Verlokkung ... Weil niemand eine solche Anziehung für sie besaß; sie empfand seine Hände als schön und seine Füße und seine Stimme und seine Worte und seine Hast und seinen Jähzorn und seine Absonderlichkeiten und seine Leidenschaftlichkeit und, daß er geradeheraus sagen konnte: Wir gehen unter, jeder allein, und seine Entrücktheit ... Aber was unerträglich blieb, dachte sie, aufrecht dasitzend ..., das war diese sture Blindheit und Tyrannei, die ihre Kindheit vergiftet und bittere Stürme heraufbeschworen hatte, so daß sie sogar jetzt noch in der Nacht vor Wut zitternd erwachte und sich an einen seiner Befehle erinnerte; an ein unverschämtes: ‚Tu dies!'; an seine Gewaltherrschaft sein ‚Unterwirf dich mir!'"

Wenig später verlieren sich die Gedanken der Tochter wieder

an den Vater – er sitzt die ganze Zeit vor ihr im Boot während der Fahrt zum Leuchtturm:

„Und ihrem Vater zusehend, wie er in seinem Arbeitszimmer schrieb, dachte sie (jetzt, hier im Boot), wie liebenswert er war, wie ungemein weise; er war weder eitel noch tyrannisch. Im Gegenteil, wenn er sie dort stehn und ein Buch lesen sah, fragte er sie so sanft wie nur irgendwer, ob er ihr denn nichts geben könne, was sie sich wünsche?"

Die Tochter sieht in Gedanken zu, wie er liest – Virginia Woolfs Vater war ebenfalls ein Gelehrter, auch er war ein Virtuose im Erpressen von Mitgefühl, auch unter seiner Tyrannei seufzten die Töchter, auch er hatte sie eingeweiht in die Tiefen seiner Bibliothek:

„Er las, dachte sie, als führe er irgend etwas an oder locke eine große Schafherde weiter oder bahnte sich seinen Weg bergauf, immer bergauf, einen schmalen Steig entlang; und manchmal ging er schnell und geradeaus und drang durch das Dickicht, und manchmal schien es, als hätte ihn ein schnellender Zweig getroffen, eine Dornenranke geblendet, er aber würde sich nicht von so etwas geschlagen geben; weiter, weiter, eine Seite nach der andern umgewendet! Und sie fuhr fort, sich eine Geschichte vom Entkommen aus einem untergehenden Schiff zu erzählen, denn sie war geborgen, solange er hier saß; geborgen, wie sie sich auch geborgen fühlte, wenn sie aus dem Garten verstohlen eintrat und ein Buch aus einem Fach nahm und der alte Mann, der plötzlich seine Zeitung senkte, drüberweg eine knappe Bemerkung über den Charakter Napoleons machte."

*

Widersprüchliche Gefühle sprechen aus den Blicken, die Gabriele Wohmann auf ihrem Vater ruhen läßt, nicht. Oder doch? Ihr „Vater-Portrait" besteht aus einer Reihung von Aussagen über ihren Vater, die allesamt nur eine Tatsache dokumentieren: Er hat sie noch nie enttäuscht. Das muß festgehalten werden. Hier ist ein Vater ohne Fehl und Tadel, porträtiert von einer Autorin, der die

Schreibanlässe sonst immer, ausnahmslos, von dem krummen Holz geliefert werden, aus dem der Mensch geschnitzt ist. Der Vater gehört nicht zu ihnen. Ich möchte ihn kennenlernen.

Er weiß sie zu trösten. Er leidet mit. Wenn der Rest der Familie unbekümmert weiter ißt, unterbricht er seine Mahlzeit, findet die Weinende, läßt ihr sein unbenutztes, duftendes großes Taschentuch zugutekommen.

Er ist taktvoll. Wenn sie wieder einmal seine Kirschwasser- und andere Alkoholvorräte in seinem Kleiderschrank drastisch verringert hat, ist er nur besorgt um die rechtzeitige Wiederauffüllung.

„Mein Vater kennt sich mit ungezogenen Kindern nicht aus, er kennt keine, er kennt ungezogene Erwachsene." Nie würde er einem Kind auch nur „den Klaps" versetzen. Nie würde er bei einem weinenden Kind nicht stehenbleiben.

Er hat eine Schwäche für Bücher. Er kauft zu viele, findet die Mutter. Aber er liest sie auch. Die Mutter möchte aufräumen, auch auf seinem Schreibtisch. Er nicht. „Mein Vater spricht nicht laut."

Er zieht vor, seinen Kindern zu schreiben, statt aufzuräumen. Dabei hört er Musik. Mozart oder Barockmusik.

Er hat die Partei seiner Kinder gegen die Partei der Nazis vertreten, sie verteidigt gegen die Zumutungen der Schulen jener Zeit, er schrieb Entschuldigungen, Gesuche. „Hier war er nicht für Versöhnlichkeit und Anpassung."

Wen meint die Autorin, wenn sie fragt: „Sie halten meinen Vater für sehr sanft, für weichherzig, sie sind geneigt, sich zu fragen: ist er nicht allzu empfindlich, allzu zart?" Sie selbst setzt Sensibilität keine Grenze, wie sie entschieden hinzufügt. Er ist ein geduldiger und begabter Krankenpfleger bei schweren Fällen. Er schafft Erdbeeren im Winter herbei (damals noch nicht im Laden nebenan zu haben). Gleichzeitig spielt er seine Verdienste dabei sofort herunter. Weist hin auf seine Schlampigkeit in Finanzdingen.

Abgesehen von jenen hoch erwünschten Einmischungen mischt er sich nicht ein, er fragt die Kinder nicht aus. Er glaubt nicht an das, „was andere Eltern systematischer als Erziehung betreiben". Er war lange als Pfarrer Direktor einer Krankenschwester-Organisation. Er wußte keine Vorteile aus seinem Amt herauszuwirtschaften. „Gesunder" Egoismus ist ihm fremd. Er hält Abstand zu seinen Kindern, aber er weiß, wie es ihnen zumute ist.

Er sitzt am Schreibtisch und studiert weiter, nach der Pensionierung, Theologie. Philosophie.

Er geht gern spazieren. Er vermeidet das Rechthaben, auch wenn er rechthat.

Er ißt am liebsten Salat. Trotzdem legt er der Tochter große Portionen davon auf den Teller. Nur ihr, wenn sie zu Besuch ist. Ihm passieren häufig kleine Mißgeschicke durch die Tücke des Objekts.

Er wirft nichts weg.

Von gesellschaftlichen Unternehmungen hält er nichts.

Er ist den Kindern nie eine Auskunft schuldig geblieben. Er hat sie zur Kultur, die ihm viel bedeutet, nicht gezwungen.

Jetzt unterbricht die Autorin das Aufzählen. Sie sieht, und sie hört.

„Augenblicke: Ich sehe meinen Vater im Talar, er hält eine Andacht, ich bin froh, denn er spricht rasch, diesmal ohne Resignation, diesmal nicht leise, nicht betrübt: Fürchte dich nicht, denn ich habe dich erlöset, ich habe dich bei der Hand genommen, du bist mein."

Dies ist ein herausgehobener Moment. Zum erstenmal könnte er sichtbar werden, der Vater; „diesmal", das verweist auf ein „sonst", das die Tochter nicht froh macht. Sein langsames, leises, resigniertes, betrübtes Sprechen; sie erwähnt es kurz später, aber der Augenblick ist vorbei, schon vorbei.

Er liebt alle Uhren. Er liebt „leicht verwilderte Scherze".

Ihm selber würden sie nicht einfallen.

Er liebt Notizkalender und Brillenetuis und immer wieder Bücher.

Er liebt Lederutensilien.

Er liebt seine alten Sachen.

Er liebt Sonnenbäder, Meerbäder, er kauft gern Delikatessen für den Haushalt. Auch Antiquitäten und Schmuck.

Er rezitiert und zitiert gern Goethe.

„Er hält sich morgens eine gute Stunde lang im Badezimmer auf, er liebt Bade-Essenzen, große Vorräte exquisiter Seife und Rasierwasserflaschen."

Er hat die Elektrizität nicht gepachtet. Im Gegenteil.

Er liebt auch moderne Literatur, zum Beispiel die Texte der Tochter.

Er kauft gern Vogelfutter in großen, übergroßen Mengen.

Er kauft gern Blumen für andere.

Er beobachtet gern das Wetter, das Meer, die Jahreszeiten.

Er verschenkt gern.

Er geht mit der Familie gern in gute Restaurants.

„Sobald Fürsorge sich zur Einmischerei deformiert, lehnt mein Vater sie ab." Dieser Punkt ist der Autorin so wichtig, daß sie ihn hier noch einmal wiederholt hat in pointierter Form.

Er bringt die Tochter zur Bahn, er kennt sich gut aus mit den Anschlüssen und dem Wagenstandanzeiger. Beide winken lange, entgegen der Verabredung.

Das einzige, das die Leserin bei ihm an andere Väter erinnert, ist die Aufforderung „sei vernünftig". Aber er meint etwas anderes. Den Schluß bildet, nach all den Aufzählungen, eine noch atemlosere Aufzählung, diesmal von Verneinungen alles dessen, was andere Väter an sich haben mögen:

„Mein Vater war kein Verbindungsstudent, mein Vater hat sich nicht untergeordnet, mein Vater war kein Soldat, mein Vater läuft nicht mit, mein Vater bemüht sich nicht um öffentliche Geltung, mein Vater setzt sich nicht ins rechte Licht, mein Vater ... kennt seine Schwächen, er findet sich mit ihnen ab, mein Vater redet nicht über seine Verdienste".

Die Autorin schließt, fast verlegen, mit dem Geständnis, sie habe ihre erste „positive Prosa" schreiben müssen. Sie höre damit auf. Sie sei damit nicht fertig. „Ich mache damit weiter, an meinen Vater zu denken." – Es ist geheimnisvoll und tritt zutage: „positive Prosa" liegt der Autorin offensichtlich nicht. War dieser Vater trotz allem keine Quelle der Kraft für die Tochter? Ist der Vater zu nah? zu fern? Weil er keinen Widerstand bietet?

Für eine Schriftstellerin ein schwarzer Augenblick: Der Vater verschlägt ihr die Sprache.

*

Vom Vater Bruno Jordan ist in Christa Wolfs „Kindheitsmuster" ungleich seltener und mit ungleich weniger Intensität die Rede als von der Mutter Charlotte. Es hat weniger Berührung gegeben zwischen Vater und Tochter. Es war die Mutter, die abends auf dem Bett der Tochter saß und fragte, ob sie ihr auch alles gesagt habe. Es war die Mutter, mit wehendem weißen Ladenmantel, die in Katastrophensituationen zur Stelle war. Es war die Mutter, die die Kinder mit dem Lieferwagen des Onkels und der Verwandtschaft Ende Januar 1945 aus Landsberg fortfahren ließ und selbst dort zurückblieb, weil sie, wie sie meinte, doch nicht „alles" im Stich lassen könne; das hatte die Tochter nie verwinden können. Aber es gibt zwei Situationen, in denen der Blick der Tochter Nelly aufmerksam forschend auf dem Gesicht des Vaters ruht. Einmal zu Beginn des Krieges, das andere Mal an seinem Ende. Die beiden Situationen haben das Gemeinsame, daß das Gesicht des Vaters der Tochter bis ins Unkenntliche verändert erscheint.

Dem Vater fehlten die Worte immer, wenn es Außerordentliches, Gefühlvolles, für die Tochter Nelly also: Entscheidendes auszudrücken und mitzuteilen galt. Diesmal war es bei einem Telefongespräch während seines ersten Front-Urlaubs aus Polen, im November; Nelly hört seine kurzen, offenbar ungläubigen Fragen. Eine Zahl fällt: „Fünf. (Die Fünf als Fleischerhaken.) Weiter. Hier erscheint das aschgraue Gesicht des Vaters. Nelly will es im Spiegel gesehen haben. Ein graues, verfallenes Gesicht. Sie besteht darauf: Er habe nach dem Ärmel seines feldgrauen Mantels gegriffen, um sich daran festzuhalten. Er habe ganz eilig das Gespräch mit Leo Siegmann beendet". Während des Urlaubs des Vaters habe seine Einheit in Polen fünf Geiseln erhängt, so viel will Nelly aus Andeutungen erraten haben, und der Freund habe gesagt: „Schade, daß du nicht hier warst". Und der Vater, aschgrauen Gesichts, habe später nur dies eine gesagt: „So etwas ist nichts für mich".

Sieben Jahre später, an einem heißen Augusttag 1946, kam der Vater zurück aus russischer Gefangenschaft. Sie hatten ihn tot geglaubt. Auch diese Tochter war es lange schon gewöhnt, sich zu spalten: in eine, die erlebte, und in eine, die ihr dabei zusah und es kommentierte, jetzt zum Beispiel: „Im August wurde das Stück gegeben: Die Heimkehr des Vaters". Weil es ein Grundvorgang jener Jahre war für mehr als eine Generation von Töchtern, verdient er der genauen Betrachtung:

„Denn mit dem Auftritt der Hauptfigur – mit dem Augenblick, da Nelly den ‚Vater' sah – kippte die Szene boshaft ab ins Aberwitzige. Merkwürdigerweise hatte Nelly es geahnt. Märchen bereiten uns von klein auf darauf vor: Der Held, der König, der Prinz, der Geliebte wird in der Fremde verwunschen; als ein Fremder kehrt er zurück. Kann sein, die Daheimgebliebenen bemerken die Verwandlung nicht, und ihm allein obliegt die schwere Aufgabe, sich ihnen als der andere, so nicht Geliebte zu offenbaren. Dem verwunschenen ‚Vater' hatte man ehrlicherweise in der Fremde eine von Grund auf andere Gestalt verliehen.

Was da, gestützt von Werner Frahm und Charlotte Jordan, vom Wagen kletterte, war ein altes, verhutzeltes Männchen mit einem Bärtchen auf der Oberlippe, mit einer lächerlichen Nickelbrille, die hinter den Ohren von schmutzigen Leinenschlaufen gehalten wurde, mit einem kurzgeschorenen, eisgrauen runden Kopf, von dem die Ohren abstanden, angetan mit einer schlotternden Montur und zu großen, entsetzlich untauglichen Stiefeln. Wenn ein Fremder eintrifft, kann ja von Rückkehr keine Rede sein. Auch von Wiedersehensfreude nicht, höchstens von Verlegenheit und Mitleid. Von Erbarmen. Das aber ist es nicht, was die Siebzehnjährige für den heimkehrenden Vater empfinden will. – In der Stille, die sich ausbreitete – nur aus dem Giebelfenster sangen sie beharrlich ‚Der Mond ist aufgegangen' –, puffte und schob man Nelly, zu tun, was ihre Tochterpflicht war: Dem Vater gegenüberzutreten, ihn zu umarmen, seine knochigen Schultern zu umfassen, sein zuckendes, unbekanntes Gesicht dicht vor sich zu sehen, die Zahnlücke in seinem Gebiß. Den säuerlichen Geruch einzuatmen, der von ihm ausging. (Seitdem vielleicht diese Furcht vor der Erfüllung von Herzenswünschen ...)".

Im Rückblick erst erkennt die Tochter, daß es gerade umgekehrt gewesen ist: „Die Unkenntlichkeit des eigenen Vaters war es, die Nelly erschütterte. Erst Jahre später begriff sie, daß er in jenen kurzen Zeiten kenntlich gewesen war."

# Wer kennt seine Tochter?

„Gönne mir einmal, Muse, den heiter gemessenen Gang, denn
Offenkundig! Die Stunde ist da und der trefflichste Anlaß!
Denn ich will sagen und singen vom Kindchen, dem jüngsten der meinen,
Das mir erschien in härtester Zeit, da ich nicht mehr jung war.
Und was kein Drang der Seele, kein höher Befahrnis vermochte,
Das wirke Vatergefühl: es mach' mich zum metrischen Dichter."

Wenn ich im zweiten Kapitel aus Anlaß des „Katja-Mann-Modells" bemerkt hatte, daß von einem Rollenkonflikt zwischen Vater und Schriftsteller Thomas Mann nichts bekannt sei, so kann diese Bemerkung dahingehend erweitert werden: Bekannt sind vielmehr einige Beispiele dafür, daß auch für Thomas Mann Frau und Kinder zu „Material" seiner schriftstellerischen Hervorbringungen wurden. Und diesmal ist es die Tochter Elisabeth, als fünftes Kind zum Ende des Krieges 1918 geboren. Sie nimmt er, der längst weltweit berühmte Prosa-„Schriftsteller", wie er in seinem halb ironischen Musen-Anruf darlegt, zum „Anlaß", sich endlich einmal als „Dichter" zu bewähren, und das heiße ja allgemein: Verse zu drechseln.

So beginnt, nach einigen länglichen Vorreden über seine vielfältigen dichterischen Erfolge und einen Mißerfolg, Thomas Mann seinen „Gesang vom Kindchen". Zunächst jedoch macht er noch eine Vorbemerkung: über die Versform, deren er sich bedienen wird, um auch einmal „zum metrischen Dichter" zu werden, zum Poeten „wie er im Buch steht." Das „Vatergefühl", das er hier gleichsam der Muse an die Seite stellt, möge sich in seinem antikisierenden Vers-Epos in Hexametern äußern. Mit dieser Form hat es eine besondere Bewandtnis:

„Einen Silbenfall weiß ich, – es liebten ihn Griechen und Deutsche, –
Mäßigen Sinnes ist er, betrachtsam, heiter und rechtlich;
Zwischen Gesang und verständlichem Wort hält er wohlig die Mitte. Festlich und nüchtern zugleich ...
Plauderhaft gibt er sich gern und schweift zur Seite.
Besonders war es ihm immer gemäß, wenn es häuslich zuging und herzlich ..."

Die äußere Form lag bereit, und seine eigene Verfassung war gleichermaßen bereit: Das Kriegsende 1918, die politischen und wirtschaftlichen Folgen, seine „Betrachtungen eines Unpolitischen", schwere Konflikte mit dem Bruder – vieles wirkte zusammen, ihn dankbar ein Glück erkennen und annehmen zu lassen, das von alledem entrückt war:

„Und du wurdest empfangen, wurdest ausgebildet
In ungeheuren Zeiten. Qualvoll wälzte die Welt sich
Um, es strömte Blut, jede Brust war bedrängt, den Gedanken
Hetzte die Not."

Steht für die Tochter in Ingeborg Bachmanns „Malina"-Träumen der Name „Vater" für Krieg, so für den Vater in Thomas Manns Versidylle der Name „Töchterchen" für Frieden. Der altfränkisch gemessene Gang der Zeilen befördert den Eindruck, daß die Welt der Tochter eine Fluchtburg für den Vater bedeutet.

„Töchterchen, sieh, so war ich im Herzen gestimmt und bereitet,
Dich zu empfangen aus dem Schoß des organischen Dunkels,
Das dich treulich gehegt und genauestens fertig gebildet
Nach den Gesetzen der Art. Nicht wußt' ich schon, daß ich dich liebte.
Doch als das schwere, heitere, heilige Wunder geschehen;
Als du erschienen warst und dem Lichte gehörtest, wonach du

Lange schon, lebhaft, in Stößen, die ich belauschte, gedränget;
Als ich zuerst die nichtige Last auf ängstlichen Armen
Mir gespürt und mit stillem Entzücken gesehn, wie dein Auge
Widerstrahlte das Himmelslicht; dann dich – oh, wie behutsam,
Niedergelassen an deiner Mutter Brust: da füllte
Ganz mit Gefühl sich auf einmal mein Herz, mit segnender Liebe."

Es ist die Probe aufs Exempel: In der Tat, es gelingt, mitten in kunstvoller Nachahmung, halbernster Parodie. Die Namen „Töchterchen", „Schwesterchen" bieten sich mit ihrem Dámdada geradezu von vornherein rhythmisch an; und gleichzeitig bezeichnen sie das Kleine, das zur Zärtlichkeit einladen muß.

Aber es ist eine seltsame Sache um die literarischen Formen: Da mag das wärmste, innigste Gefühl, Vatergefühl, in des Dichters Brust pochen – was mir solch eine kunstvolle Zeile jedoch vermittelt, ist zunächst einmal der Selbstgenuß des Sprach-Künstlers. Kann ich das nicht auch, fragt mich solch eine Zeile, was Goethe mit „Hermann und Dorothea" konnte und die Voss'sche Übertragung ins Deutsche von Homers „Ilias" und „Odysee"? Und da gibt es keinen Zweifel: Der Autor kann es in der Tat auch, und zwar vortrefflich. Auch wenn es eher gesucht wirkt, daß die gebärende Mutter als „Schoß des organischen Dunkels" hier mitspielt. Aber das wird ihm nur recht gewesen sein. Der Ton zärtlicher Zugewandtheit zu der Versform kommt zugleich dem „Kindchen" zugute, dem „Anlaß" für diese „häusliche und herzliche" Kunstübung in Hexametern.

Es war die Zeit, in der die Herren nicht anders das Haus verlassen konnten als mit Hut, Handschuhen und Stock, und die Schwelle zur Kinderstube überschritten sie tunlichst nie.

Es war die Zeit, die den Hintergrund bildet für den „Vater vor sechzig Jahren" von Marie Luise Kaschnitz: „ihm um den Bart zu gehen, sich an seine Knie zu schmiegen, wem käme das in den Sinn ... die Gotteskinder ferngehalten, der Wille des Vaters Gesetz."

Es war die Zeit, in der auch die Kurzgeschichte von Katherine Mansfield spielt, die den Titel trägt „Das kleine Töchterchen" („The Little Girl"), und die so beginnt: „Für das kleine Töchterchen war er eine furchteinflößende Gestalt, der man am besten aus dem Wege ging. Jeden Morgen, ehe er ins Geschäft ging, kam er ins Kinderzimmer und gab Kezia einen flüchtigen Kuß, und sie antwortete mit einem ‚Wiedersehen, Vater!' Doch ach, wie wunderbar leicht wurde ihr ums Herz, wenn sie hörte, wie das Geräusch seines davonrollenden Buggys auf der langen Straße leiser und leiser wurde."

Im Vergleich dazu widmet sich der Vater im „Gesang vom Kindchen" hingegeben und präzise beobachtend zugleich dem kleinen Menschen – allerdings nur in bestimmten buchenswerten, ausgewählten Situationen, in denen er förmlich als Besucher hinzutritt: beim Morgenbad beispielsweise, das die Pflegerin bereitet, und dort genießt er nicht nur Grübchen und Brüstchen des winzigen Körpers, sondern auch sich selbst als einen, der von der Kleinen erkannt wird:

„Du aber lachst mir entgegen,
Schon von weitem, wendest nach mir die lustigen Augen
Mit dem Lächeln der Freude und des vertrauten Erkennens,
Das mich so glücklich machte, als ich es erstmals sich regen
Sah und erwachen in deinen Zügen bei meinem Anblick, –
Glücklich fast, ich gesteh's, wie den Liebenden das der Geliebten."

Er registriert ihre Empfindlichkeit, die, wie das „feurig Mal" an ihrer Schläfe, ein Zeugnis des Krieges sei, in dem sie gezeugt wurde; aber er verläßt ihre Gegenwart jedesmal schnell wieder, um – nach Art des Epikers – in seine Geschichte zurückzugehen. So gedenkt er bei Gelegenheit ihres Rufnamens im Familienkreise – „Schwesterchen" – der pflegenden Schwester mit der Haube, die in seiner Kindheit am Krankenbett sein Trost war.

Daß sie ihn, der in der Familie „der Zauberer" hieß, all ihrer Winzigkeit unerachtet, schon zu schätzen weiß, daß sie also ein gutes Publikum abgibt, rechnet er ihrer Weiblichkeit zu:

„Aber bist du ein Kindchen, ein Märchen, ein Heinzlein, so tut doch
Schon dein Geschlecht sich hervor. Man kennt es an deiner Gewecktheit,
Weibchen bist du und neubegierig, inständig beflissen,
Das Anschauliche aufzunehmen und dankbar dem Führer,
Der es dir weiset: da zeigst du dich frühauf, vordrängenden Geistes,
Ungleich dem Knaben, der alles verschiebt in schläfriger Saumsal.
Kleines Mädchen! ich unterhalte dich gern, denn es lohnt sich."

Es ist wohl die dankbarste Variante der Vater-Rolle, die es überhaupt gibt, von der er beschreibend, genießend berichtet: Wie ihm „in Rührung das Herz lacht", wenn sie ihr Köpfchen an seine Schläfe legt, „Und ich weise Dir die Dinge der Welt und nenne dir schon ihre Namen."

Auch ich als Leserin genieße dieses Spiel in seiner schwebenden Zärtlichkeit, diesen Glücksfall, der sich so vielen begünstigenden Voraussetzungen der dahinterstehenden Realität verdankt: Nicht nur dem Hexameter, sondern auch dem Geld, das für Ruhe sorgt und Raum und zuverlässige Hände fürs Grobe. So kann es der Vater sogar genießen, wenn er sie einmal, als sie krank ist, zum Einschlafen befördert: „wohl eine Stunde oder länger" hat er sie auf seinen Armen hin- und hergetragen. Das war zur Zeit der autoritären Respekts-Väter gewiß etwas Außerordentliches, und ich will es nicht belächeln. So außerordentlich wie das unerwartete Verhalten des Vaters in Katherine Mansfields Geschichte vom Töchterchen: Als dieses einmal von seinem schrecklichen Traum bedrängt nachts laut weint – die Großmutter und die Mutter sind nicht im Haus –, nimmt er es ins Elternschlafzimmer, wickelt es „sorgfältig" in eine Decke und legt es neben sich; und das Kind steckt den Kopf durch seine Arme und spürt, daß es auf seinem Herzen liegt. Und der Erzählerin fällt es nicht im Traume ein, in dieser Situation etwas Bedenkliches zu sehen; für sie ist es der Trost schlechthin vor bösen Träumen.

Der Vater im „Gesang vom Kindchen" ist bei der Tochter zu Gast, gelegentlich, und sie darf „Gast" sein bei ihm, bevorzugt und ausnahmsweise, in seinem in der Regel für die Familie unzugänglichen Schreib- und Bücherzimmer; da darf sie auf seinem Arm „die lebendige Uhr in der Ecke" bestaunen, und diese Uhr läßt er beschreibend vor unseren Augen entstehen – wie Homer den Schild des Achill. Gelegentlich gerät ihm auch die kleine Tochter zum Bild, zum putzigen:

„Wohlgewickelt denn nun und walzenförmig zu schauen
Unterwärts bis an die Brust, so stellst du dich vor; doch darüber
Stehen die Ärmchen in weißem Pikee dir, gleichwie zwei Flügel
Beiderseits waagerecht ab."

Die Gast-Rolle des Vaters, in aller Innigkeit und inneren Bewegtheit gespielt doch immer nur in seltenen Momenten, fern der Verantwortung für sein „Hauptgeschäft", macht für ihn gerade das Glück dieses Verhältnisses aus: Nähe und Abstand zugleich.

„Praktisch lassen Vaterschwäche sich fruchten die Frauen:
Sind sie beschäftiget sonst im Hausstand oder beim Einkauf,
Geben sie gern dich in meine Hut. Sie wissen, ich schlag' es
Ihnen nicht ab. Denn wahrlich, Lieberes weiß ich mir gar nicht (Dies ihre Rechnung), als so ein Stündchen dich bei mir zu haben".

So leicht erscheinen „Vatergefühle", die Muse dieses andächtigen „Gesangs vom Kindchen", dem Autor als „Vaterschwäche". Denn jenseits der Ausnahmen – deren zeitliche Begrenzung sicherheitshalber gleich zweimal benannt ist: „ so ein Stündchen" – und der Regel nach ist auch dieses Kindchen wie alle Kinder damals und auch noch lange Zeit weiterhin „Frauensache".

Höhepunkt und Ende des Gesangs ist das große Fest der Taufe, im eigenen Hause gefeiert. Da erscheint das Kindchen nun noch einmal als Bild auf dem Arm der Wärterin, in seinem Taufkleid, dem „unvermeidlichen Erbstück", mit dem lieblichen, leise wakkelnden Köpfchen und den wie zum Segen ausgebreiteten Armen. „Heiliges Kindchen". Aber jetzt sind längst andere Menschen im Mittelpunkt der Betrachtung, die vom Vater auserwählten jungen Gevattern nämlich sowie der von ihm bestellte junge Pastor.

„Idylle" nannte Thomas Mann nicht nur den „Gesang vom Kindchen", sondern auch die ebenfalls 1919 publizierte Erzählung „Herr und Hund". Es liegt an der Prosa und daran, daß der Erzähler in seiner Rolle als „Herr" des Hundes mit der verpflichtenden Verssprache zugleich die Einschränkungen des Hauses verläßt und seinem Hund in Alltagssituationen verbunden ist – freier, vielfältiger und welthaltiger –, daß der Herr vom Seelenleben des Hundes genauere Auskunft zu geben weiß als der Vater von dem des Töchterchens. Oder sollte es daran liegen, daß er beim Hund Patriarch nicht nur sein darf, sondern sein muß?

„Es handelt sich da um einen von weither überkommenen patriarchalischen Instinkt des Hundes, der ihn, wenigstens in seinen mannhafteren, die freie Luft liebenden Arten, bestimmt, im Manne, im Haus- und Familienoberhaupt, unbedingt den Herrn, den Schützer des Herdes, den Gebieter zu erblicken und zu verehren, in einem besonderen Verhältnis ergebener Knechtsfreundschaft zu ihm seine Lebenswürde zu finden".

Das im „Gesang" vorgestellte Töchterchen hingegen hatte durchaus seine in ihm selbst liegende, eigene Würde, die den Vater nicht ungebrochen patriarchalisch sein ließ; er wußte sie in gemessenem Silbenfall auszudrücken und zu respektieren. Letztlich war es ihm ja – wie auch den anderen hier genannten Schriftsteller-Vätern – um seinen „Gesang" zu tun gewesen, in dem jeder „Anlaß" aufzugehen hat, und sei er ein „Kindchen".

*

Michail Epstein schreibt auch. Aber um ihn vorzustellen, kann ich nicht auf die gewohnte Weise vorgehen. Ich kann mich ihm nicht nähern mit Bestimmungen wie: Er ist Literat, also mit Phantasie, mit Möglichkeitsdenken geschlagen, er ist dreißig Jahre alt, Russe, Jude, Mann einer Frau namens L.. Das alles trifft zu, aber der Reihenfolge seiner Prioritäten gemäß muß ich mit dem Besonderen, ihn vor anderem Eigentümlichen, Auszeichnenden anfangen: Zunächst einmal und vor allem anderen ist Michail Epstein in seinem Buch – „Tagebuch für Olga. Chronik einer Vaterschaft" – der Vater seiner Tochter Olga, auf russisch Olja gesprochen. Wenn es in nahezu allen Texten vordringlich um die Frage ging: Wer kennt seinen Vater?, so geht es dagegen in diesem ungewöhnlichen Buch – im Rußland vor der Perestrojka verfaßt und ermöglicht durch diese, 1990 erschienen – um die Frage: Wer ist Olja? und was bewirkt sie im Vater?

Als Motto wählt Epstein ein Wort von Paulus: „... nachdem ihr doch den alten Menschen mit seinen Taten ausgezogen und den neuen angezogen habt, der in der Erkenntnis erneuert wird nach dem Bild seines Schöpfers ..." (Kolosserbrief 3,9–10). Damit ist sein durch Olgas Geburt radikal gewandeltes Selbstverständnis ins Bild gesetzt.

Ihm wäre es wohl unvorstellbar, um dieses Neue alte sperrige Sprachgewänder zu drapieren, wie es Thomas Mann gerade gereizt hatte. Er brauche keine Einbildungskraft, ihm genüge das Tagebuch „mit seiner nüchternen Chronik der Ereignisse", – und eine solche Chronik, so verspricht er im Vorwort, werde mitten in ihrer Nüchternheit eine Spur mystischer Helligkeit vermitteln: „Das, was zuweilen in Ahnungen erscheint und in der dunklen Tiefe einer Erfahrung aufblitzt, wie ein Ausgang hinter die Grenze der Existenz, erscheint hier in so schlichter Alltäglichkeit, daß man meinen könnte, nicht der Säugling lebe sich in unsere Welt ein, sondern wir erschließen uns eine unirdische von ihm mitgebrachte Welt."

Er findet in der Neugeborenen nicht bloß ein „Thema", ein „Sujet" unter anderen, sondern sie schenkt ihm den Gedanken „eines ganzen Lebens, das ununterbrochen im Werden" sei. Es wird gleich zu zeigen sein, daß das kein Feiertags-Programm ist mit Parolen so wohltönend wie wohlfeil, sondern daß es schon seine Richtigkeit damit hat: Dieser Mann begreift etwas von der Chance der Erneuerung für ihn selbst, die die Geburt seiner Tochter bedeutet. Da ist wenig die Rede davon, daß er sie einweise in die Weltdinge und ihr deren Namen nenne, daß er also ihr „Führer" sei und Lehrer; da ist viel mehr die Rede von dem, was sie ihm beibringt Tag für Tag.

„Während der Vater in die kleinsten Errungenschaften und Veränderungen des Säuglings eindringt, wird er selbst von ihnen durchdrungen – und verändert; und weil das Kleine im Kleinen so groß in seiner Dimension ist, sind ihm im Erwachsenen nur die größten Anstrengungen und tiefsten Veränderungen angemessen", heißt es weiter im Vorwort.

Weil es etwas so überaus Seltenes ist, geradezu einer Umwertung allgemein herrschender Werte gleichkommt, wenn ein Erwachsener nicht von der Erziehung des Kindes spricht, nicht von seinen Wünschen und Hoffnungen für das Kind, nicht von den Umstellungen, die damit verbunden sind für ihn, sagt der Autor es gleich noch einmal:

Was er mit der Chronik seiner Vaterschaft vermitteln wolle, das sei „eben die Empfindung des unablässigen, niederschmetternden, triumphierenden Neuen, das durch das Kind so machtvoll ins Leben des Vaters einbricht, ‚ihm den alten Menschen auszieht und den neuen anzieht'".

Eines jedoch kann der tagebuchführende junge Vater doch nicht so ausführen, wie er sich das vorgenommen hatte. Die „nüchterne Chronik", die die Einzelheiten jedes Tages um künftiger Erinnerung willen vermerken sollte, verwandelt sich unter der Hand in etwas weniger Nüchternes, das dem Band der Tage nicht einfach protokollierend folgen kann. Es erweist sich geradezu als ein Indiz für das „triumphierend Neue", daß er in seinen Aufzeichnungen abkommt vom gesunden Menschenverstand wie von wissenschaftlicher Exaktheit, beides Dinge, die er für gewöhnlich hochhält. „Was ich da schreibe – ist ein Tagebuch und gleichzeitig eine Sammlung von Mythen über unvordenkliche Zeiten, über die Erschaffung des ersten Menschen, über den Anbeginn allen Beginns .... Die Entstehung der Welt in den Bekundungen eines Augenzeugen." Deshalb müsse in seine Aufzeichnungen einfließen, was „unlogisch" scheine und „unrealistisch", da es ja nicht um die eingefahrene Logik gehe inmitten der gewohnten Realität, sondern einzig um das Neue, das Olja heißt.

Lange verweilt er einfach nur bei ihr und schaut. Wie sie sich plötzlich ihm mit ihrem ganzen kleinen Körper entgegenstreckt. Und zwar registriert er das in erster Linie nicht als befriedigende Reaktion auf seine Bemühungen, überhaupt nicht als wohltuendes Wiedererkennen, Anerkennen seiner Präsenz. Auch das wird er begrüßt haben, aber was ihm wichtig ist, verdankt sich nicht der Beziehung auf ihn selbst als Bezugspunkt. Er versucht vielmehr, sich einzufühlen in die Bewegung des Kindes; es fällt ihm auf, daß sie ihm unbekannt ist. Er hofft nicht in ungeduldiger Vorwegnahme, daß sie ihn verstehe; er verläßt seine eingefahrenen Geleise, um sie zu verstehen. Denn diese einfache Bewegung teilt ihm etwas mit von der Kunst des Fliegens. Fasziniert beobachtet er, wie sie beides vermag: sich ganz loszulassen und bei sich zu bleiben, immer im Wechsel. „Hin – her, hinauf – hinunter: ist das nicht das erste Spiel im Leben mit dem natürlichsten Partner, den man bekommt, sowie man auf die Welt kommt – die Schwerkraft der Erde?"

Er erfährt an ihr, was das eigentlich ist: Flüstern. Atem. Was Zwiesprache mit dem eigenen Körper ist. Was zum Beispiel eine Fläche wie der Fußboden oder der Stoff eines Hemdes für feine prüfende Fingerspitzen bedeutet: Wie ihre Wahrnehmung das Negativ unserer Wahrnehmungen zutagefördert ... „alles in unserer festen, erfüllten Welt interessiert Olja in dem Maße, wie es sich auftut, hervorragt, eine Leere öffnet oder selbst von einer Leere umgeben ist." Er erfährt an kleinen Abschieden, was Trennung ist, für sie, für ihn – und was Loslösung einmal sein wird, für ihn.

Immer aufs neue lernt er mit ihren Augen die altvertrauten Dinge in veränderter Perspektive neu sehen.

Spätestens jetzt erhebt sich die Frage: Bedarf es dazu einer Tochter? Ist es nicht gleichgültig für einen solchen Vater, was für ein Geschlecht sein Kind hat?

In der Tat hatten sowohl die Mutter L. wie der Vater fest geglaubt, es werde ein Sohn. Sie hatten es nicht gewünscht, aber die Mutter hatte gemeint, einen Sohn in sich zu spüren. Der Vater gibt sogar seine Privatmythe preis, gemäß der er sich bei einem Sohn mehr beteiligt gefühlt hätte als Zeuger („Man erntet, was man gesät hat"), während eine Tochter auch ohne ihn aus der Mutter hätte zustandekommen können vermittels einfacher Spaltung. Aber auch diese Phantasie wird von der Realität Olga verändert. Ein Mädchen war auf die Welt gekommen: „Das war ein Licht und kein Feuer, das brannte nicht, sondern strahlte ein kühles, ideales hellblaues Licht aus. Ich empfand nicht den Triumph der Selbstbehauptung und des Sieges, sondern Dankbarkeit darüber, daß ich angenommen, für würdig erachtet worden war, so als hätte nicht ich das getan – als sei das für mich getan worden."

Wie wäre diese Einstellung dem Vater Ahmed zu wünschen, von dem der Marokkaner Tahar Ben Jelloun in seinem Roman „Sohn ihres Vaters" erzählt. Im Hintergrund steht die Geschichte der vorislamischen Araber mit ihrer Sitte, ihre Töchter lebendig zu begraben. Dieser Vater aber hat sieben Töchter. Das kann er nur als einen Fluch begreifen: Mit den Töchtern ist er geschlagen. Nie wendet er ein Wort an sie, eine freundliche Berührung gar, nie sieht er sie auch nur an. Der Erzähler teilt uns mit: „Euch ist sicher bekannt, meine Freunde und Mitwisser, daß unsere Religion keine Gnade kennt für einen Mann ohne männlichen Erben; sie enteignet ihn fast völlig zugunsten seiner Brüder." Seine Frau wird erst zur Mutter durch die Geburt eines Sohnes. „ Du wirst Mutter sein, eine wirkliche Mutter, du wirst eine Prinzessin sein, denn dir wird ein Sohn geboren werden. Das Kind, das du zur Welt bringst, wird männlichen Geschlechts, ein Mann, sein, er wird

Ahmed heißen", das verkündet der Vater Ahmed der Mutter, aber es ist ein Befehl, und sie, unterwürfig und im Gefühl äußersten eigenen Versagens, stimmt begierig zu. Da das nächste Kind abermals ein Mädchen ist, wird alles so durchgeführt, wie es der Vater geplant hatte. Nur dies ist ein Ausweg aus der unerträglichen Kränkung für ihn, dem Hohn und Spott seiner Brüder. Das Mädchen wird sogleich bei seiner Geburt als Sohn ausgegeben, und der Vater glaubt selbst daran. Als er diesmal aus dem Gebärraum hervortritt, heißt es: Er lächelte breit. „Auf seinen Schultern und in seinem Gesicht trug er die Männlichkeit der ganzen Welt". Was aus dem Geschöpf werden soll, das um sein Geschlecht betrogen ist, was aus allen den Töchtern werden soll, die handgreiflich von Geburt an erfahren, daß ihr Geschlecht nicht das richtige ist, das kümmert den Vater und die Väter dieser Geschichte nicht. Den Erzähler kümmert es durchaus, und er erzählt alles bis zum bitteren Ende. Dies ist das Ende des Buches: „Wenn unter euch einer unbedingt die Fortsetzung dieser Geschichte erfahren will, wird er den Mond, wenn er ganz voll ist, befragen müssen. Ich aber lege vor euch das Buch, das Tintenfaß und den Federkiel ab. Ich gehe, den Koran auf den Gräbern der Toten zu lesen."

Olgas Vater ist nicht Moslem, er ist Jude. Und in seiner Religion gebe es von alters her eine besondere Beziehung zwischen Vätern und Töchtern. Ruth Klüger hingegen („weiter leben. Eine Jugend") hatte an eben der Religion zu bemängeln, daß sie die Frauen zurücksetze, daß sie den Töchtern nicht einmal erlaube, auf den verstorbenen Vater das Totengebet zu sprechen; „Kaddisch sagen" wollte sie. Michail Epstein erwähnt das „Kaddisch Sagen" nicht; er ist noch ganz von dem Beginn des Lebens erfüllt und hat keinen Blick für das Ende. Für ihn steht die Tochter so hoch, daß er um ihretwillen auch die Vaterbeziehung seines Gottes zu den Töchtern höherstellt, als sie es seiner eigenen Darstellung gemäß verdient. Da tritt nämlich das Besitzergreifende ganz stark hervor, das Eifersüchtige des Liebhabers. Epstein hatte gerade, in Demut, erkannt, daß ihm die Tochter gleichsam gewährt und anvertraut sei – als sei sie ohne sein Zutun auf die Welt gekommen. Und dann betont er, wie gerade das Judentum im Glauben an einen Schöpfergott dessen Verhältnis zum Geschaffenen als eines von Vater zu Tochter sehe. „Das Männliche ist primär und das Weibliche sekundär, deshalb sind die Beziehungen zwischen Vater und Tochter Sinnbild für das Universum. Gott hegt und pflegt das Volk Israel wie seine geliebte Tochter. Der töchterliche Gehorsam gegenüber dem Willen des Vaters ist das Wesen der ganzen jüdischen Moral". Und das läuft dann mitten in der Wertschätzung und Fürsorge doch wieder auf die Ausschließlichkeitsbeziehung hinaus, die bei Lots Töchtern zum Inzest führt und bei dem Vatergott zu rasender Eifersucht, diese „fast eheliche Angsterfülltheit und Intensität der väterlichen Gefühle der Tochter gegenüber".

Da will der Autor als Vater etwas vereinen, was nicht zu vereinen ist, wie Ruth Klüger als Tochter im Judentum ohne Wunschdenken wahrnimmt. Es ist das überwältigende Erlebnis der Stimmigkeit, das diesen Vater seit der Geburt der Tochter erfüllt, so daß er noch sein Jude-Sein mit ihrem Tochter-Sein auf nichtschmerzliche, nicht leiderfüllte Weise verbinden möchte. Und dabei fällt ihm doch auf, daß sie ihm ähnlich nur sieht, wenn sie weint, nicht, wenn sie munter und ausgelassen ist. Dann sei sie „ganz die Mutter".

Aber seine Absage an König Lear korrigiert das Mißverständliche. Ihn nennt er ausdrücklich beim Namen und läßt sich von ihm eine Lehre erteilen, mit der er unausgesprochen auch das besitzergreifende Gottesverhältnis zur jüdischen Tochter zurückweist.

„Darin liegt eine Lehre für mich, eine Absage an alle künftigen Ansprüche an meine Tochter: nicht die Liebkosungen eines Sohnes von ihr zu wollen und sie nicht mit der Eifersucht eines Ehemannes zu verfolgen. Vaterschaft ist eine Lektion in tragischer Irreversibilität und stoischer Langmut, ... denn in ihr wird das, was noch bevorsteht, immer weniger als das, was schon vergangen ist". Er analysiert die Rollenverwirrung des Vaterkönigs, die zum

„Totalitarismus" führe, „der *alles* bleiben möchte: er wird zu einem *Nichts.*" Epstein sieht in Lears jüngster Tochter die Lehrerin des Vaters: Sie lehrt ihn, was die Liebe des Vaters gegenüber der des Liebhabers sei, nämlich „dieses Nichtbesitzenwollen, dieses Nichterwerbenwollen und Nichteifersüchtigsein", das überdies „das reinste Wesen der Liebe" ausmache.

Es war für mich von schöner Konsequenz, gerade in dieser Chronik einer Vaterschaft der Absage an König Lear wiederzubegegnen, die Jane Smiley zu ihrem Roman bewegt hatte und mich zu jenem Kapitel. Bei Epstein finden sich aufwühlende, immer neu begründende Appelle gegen die fleischliche Passion der Eltern mit ihren Kindern. Er entdeckt dagegen als Thema, das in der Literatur – in der Tat! – bisher entschieden zu kurz gekommen sei, „Schönheit und Poesie der Welt der Tochter": „Hier weist die Kultur der Welt eine frappierende Lücke auf." Gerade in der Abgrenzung von der Braut, der Ehefrau, gerade im Jenseitigen, Unerreichbaren der Tochter liege das Spezifische dieser Verwirklichung von Weiblichkeit.

Es hat, am Ende einer Reihe von besitzergreifenden, fordernden, prägendenden, verschwindenden und abwesenden Vätern, etwas unglaublich Erfrischendes, Erleichterndes, Hoffnungsvolles, einem Vater zu begegnen, der – abwechselnd mit seiner Frau – zuverlässig präsent ist und davon durchdrungen, daß sich dem Vater in der Tochter eine Weiblichkeit eröffne, „die nicht ‚für irgend jemanden' da ist, sondern die ‚in sich selbst' ist, vor und außerhalb jeder Auswahl, im unbegrenzten Spiel ihrer Möglichkeiten." Er benutzt sie nicht – auch nicht dazu, sich selbst über sie zu definieren.

Ich nehme diesen poetischen, weder Überschwang noch Selbstoffenbarung scheuenden Chronisten seiner Vaterschaft als ein Modell der neuen Väter. Er ist ein Mann, der seine zärtlichen, weichen, pflegenden Züge, seine Fähigkeit zu einfühlender Hingabe nicht abgespalten, nicht an seine Frau delegiert hat. Dies gilt mir vor anderem als kennzeichnend für den neuen Vater. Denn für die Abspaltung des Mütterlichen vom Väterlichen ließen sich aus der Literatur der Gegenwart noch derartig viele weitere Beispiele beibringen, daß allein dieser Sachverhalt schon aufmerken läßt. Das Thema ist noch nicht erschöpft. Offenkundig ist: Für den dahinter stehenden Tatbestand gilt, was Heine vom Thema glückloser Liebe sagte. „Es ist eine alte Geschichte, / Doch bleibt sie immer neu, / Und wem sie just passieret, / Dem bricht das Herz entzwei." Wenn auch vielleicht nicht gleich das Herz entzweibricht, so wirkt das „Arrangement der Geschlechter" in schmerzlicher Nachhaltigkeit gerade auf die Töchter und später die Mütter; auf die Väter und Söhne wirkt es nur scheinbar weniger schmerzlich beraubend.

Er hat damit zugleich auch alle die Züge, die Krieg nicht wollen, in sich bewahrt. Er hat keine Angst davor, deshalb als „unmännlich" dazustehen. Er will von der Tochter erkannt werden und will sie erkennen auch und gerade in den Bereichen, die ihm „von Haus aus" verschlossen zu sein scheinen. Er arbeitet – wie seine Frau – daran, die komplementäre Mutter-Vater-Arbeitsteilung immer wieder zu durchbrechen, da er begreift, mit dem Kopf und mit seinem ganzen Körper zugleich, was alles ihm entgeht, wenn er sich das entgehen läßt: das Aufwachsen eines Kindes unterstützend zu begleiten.

Neulich bin ich einem kleinen Mädchen begegnet, das dabei war, ich bin sicher, zu einer der vielen neuen Töchter heranzuwachsen, die es inzwischen gibt. Kein Modell, kein Bild. Eine Schluß-Vignette.

Es war eine Veranstaltung, an der ihre Eltern beide teilnahmen; sie teilen sich den Beruf: jeweils in einer halben Stelle arbeitet Vater und arbeitet Mutter. Die zu den Teilnehmerinnen und Teilnehmern dieser Veranstaltung gehörigen kleinen Kinder spielten in der Arbeitszeit der Eltern mit einer Kindergärtnerin, es war alles gut organisiert. Jetzt war Pause, eine kurze. Die kleine Tochter befand, das habe nun alles lange genug gedauert, sie wolle jetzt bei den Eltern bleiben – und von „Arbeit" könne sie schon gar nichts mehr hören. Sie versuchte zuerst, die Mutter zum Abspringen von ihrer Arbeitsgruppe zu überreden, dann den Vater. Sie stand ihnen gegenüber, auf festen, leicht gegrätschten Beinen, die kleinen Arme zurückgenommen und seitlich gewinkelt, die Fäuste dorthin gestützt, wo bei Erwachsenen die Taille sitzt. Energisch funkelte sie die Eltern an. Sie dachte gar nicht daran, sich durch Weinen kleinzumachen. Die Eltern verwiesen, nacheinander und in unterschiedlicher Tonlage freundlicher Entschiedenheit, auf die große Uhr an der Wand: Wenn der große Zeiger hier ist und der kleine da, dann ist unsere Arbeit vorbei. Es ging noch ein Weilchen so weiter, ernsthaft und eindeutig. Dann zuckte sie die kleine runde Schulter – sie hatte getan, was sie konnte. Ihr Blick streifte von einem Gesicht zum andern, und dann krabbelte sie – wiederum in großer Bestimmtheit – geschwind, um noch die letzte Minute auszunutzen, auf den Schoß des Vaters. Sie knöpfte ihm mit flinken Fingern das gestreifte Hemd auf, gerade so weit, daß seine Brust erreichbar wurde. Mit einer leichten Beugung des Halses legte sie ihren Kopf an seine Brust und schnaufte tief auf.

# Literatur- und Quellenverzeichnis

*Allgemeine Literatur zum Thema Väter – Töchter*

Greinacher, Renate (Hg.): Märchen von Vätern und Töchtern. Fischer Taschenbuch Verlag, Frankfurt a.M. 1990.

Härtling, Peter (Hg.): Die Väter. Berichte und Geschichten. Fischer Taschenbuch Verlag, Frankfurt a.M. 1989.

Häsing, Helga und Mues, Ingeborg: Vater und ich. Eine Anthologie. Die Frau in der Gesellschaft 11080. Fischer Taschenbuch Verlag, Frankfurt a.M. 1993.

Kuckuck, Anke und Wohlers, Heide (Hg.): Vaters Tochter. Von der Notwendigkeit, den Frosch an die Wand zu werfen, Rowohlt Taschenbuch Verlag, Reinbek bei Hamburg 1988.

Leonard, Linda: Töchter und Väter. Heilung einer verletzten Beziehung, Fischer Taschenbuch Verlag, Frankfurt a.M. 1990.

Miller, Alice: Am Anfang war Erziehung. Suhrkamp. Frankfurt a. M. 1980.

– Du sollst nicht merken. 1981.

Owen, Ursula (Hg.): Väter. Schriftstellerinnen schreiben über ihren Vater. Heyne Verlag, München 1983.

Pusch, Luise F. (Hg.): Töchter berühmter Männer. Neun biographische Portraits, Insel Verlag, Frankfurt a.M. 1988.

Rijnaarts, Josephine: Lots Töchter. Über den Vater-Tochter-Inzest, Claassen Verlag. Düsseldorf 1988.

Schultz, Hans Jürgen (Hg.): Vatersein. Deutscher Taschenbuch Verlag, München 1985.

Weigel, Sigrid: Vaterbücher – Töchterschriften. In: Die Stimme der Medusa. Schreibweisen in der Gegenwartsliteratur von Frauen, Rowohlt Taschenbuch Verlag, Reinbek bei Hamburg 1989.

*Benutzte Literatur*

Andreas-Salomé, Lou: Vaters Kind. In: Im Zwischenland. Fünf Geschichten aus dem Seelenleben halbwüchsiger Mädchen. J. G. Cotta'sche Buchhandlung Nachfolger, Stuttgart und Berlin, 1902, S. 117, 118, 127, 125, 126, 128, 121f., 135f., 138, 178f., 156, 158, 176.

– Ruth. J. G. Cotta'sche Buchhandlung Nachfolger, Stuttgart und Berlin 1896, S. 75f., 59, 63, 202, 196, 248, 326.

– Lebensrückblick. Grundriß einiger Lebenserinnerungen. Aus dem Nachlaß hg. von E. Pfeiffer, Insel Taschenbuch, Frankfurt a. M. 1974, S. 48.
Atwood, Margaret: Der lange Traum, Claassen Verlag, Düsseldorf 1979, S. 132, 133.
Austen, Jane: Emma, Manesse Verlag, Zürich 1981 (London 1816) S. 7, 9, 97, 536.
Bachmann, Ingeborg: Ein Wildermuth, in: Das dreißigste Jahr, Piper Verlag, München 1961. S. 197, 202.
– Malina, Suhrkamp Verlag, Frankfurt a. M. 1971, S. 181, 236, 246.
Beauvoir, Simone de: Das andere Geschlecht. Sitte und Sexus der Frau, Rowohlt Taschenbuch Verlag, Reinbek bei Hamburg, 1968. S. 281, 282, 283.
Benard, Cheryl/Schlaffer, Edit: Sagt uns, wo die Väter sind. Von der Arbeitssucht und Fahnenflucht des zweiten Elternteils, Rowohlt Verlag, Reinbek b. Hamburg 1991, S. 9 f.
Benjamin, Jessica: Die Fesseln der Liebe, Psychoanalyse, Feminismus und das Problem der Macht, Stroemfeld/Roter Stern, Basel – Frankfurt a. M. 1990. (zu S. 180 f.).
Borchers, Elisabeth: Zufällig im November. In: Peter Härtling (Hg.): Die Väter. a. a. O., S. 162.
Brantenberg, Gerd: Die Töchter Egalias. Ein Roman über den Kampf der Geschlechter. Verlag Frauenoffensive, München 1987.
Bronnen, Barbara: Die Tochter. Droemer & Knaur Verlag, München o. J., S. 119 (zu S. 29).
Burgert, Christel: Mein Vater, den ich aß, in: M. Lang (Hg.): Mein Vater. Frauen erzählen vom ersten Mann ihres Lebens, neue Frau Rowohlt Taschenbuch Verlag, Reinbek b. Hamburg 1979, S. 19. (zu S. 7).
Dinnerstein, Dorothy: Das Arrangement der Geschlechter. Deutsche Verlags-Anstalt, Stuttgart. 1979, S. 224. (zu S. 36 ff. 78).
Ennen, Edith: Die Frauen des Hochadels in der Welt und in Kloster und Stift. In: Frauen im Mittelalter. Verlag Beck, München 1984. S. 76. (zu S. 58 f.).
Epstein, Michail: Tagebuch für Olga. Chronik einer Vaterschaft. Roitman Verlag, München 1991, S. 9, 8, 36, 37, 38, 113, 77, 76, 83.
Ferenczi, Sandor: Sprachverwirrung zwischen dem Erwachsenen und dem Kind (Die Sprache der Zärtlichkeit und der Leidenschaft) 1933, in: Rijnaarts, Josephine: Lots Töchter. Über den Vater-Tochter-Inzest, Claassen Verlag, Düsseldorf 1988, S. 136 f. (zu S. 111).
Fraser, Sylvia: Meines Vaters Haus. Geschichte eines Inzests, Claassen Verlag, Düsseldorf 1988.
Geiger, Susanne: Studio Dreizehn. In: Brigitte. Das Magazin für Frauen. 11/93. Dossier: Die besten Kurzgeschichten. Bettina-von-Arnim-Preis 1993. S. 155–158 (zu S. 32).
Gidion, Heidi: Und ich soll immer alles verstehen. Auf den Spuren von Müttern und Töchtern. (Herder/Spektrum Band 4214) Verlag Herder, Freiburg – Basel – Wien 1993, (zu S. 25 f.).

– Alle die alten Anker. Sylvia Plath (1932–1963), in: Wahnsinnsfrauen. Hg. Sibylle Duda und Luise F. Pusch. Suhrkamp Verlag Frankfurt a. M. 1992, (zu S. 90f.).
Greer, Germaine: Daddy. Die Geschichte eines Fremden, Claassen Verlag, Düsseldorf 1991, S. 170.
Grimm, Brüder: Kinder- und Hausmärchen, Winkler Verlag, München 1949, S. 730ff.
Grimm: Die wahren Märchen der Brüder Grimm. Hg. Heinz Rölleke. Fischer Taschenbuch Verlag, Frankfurt a.M., 1989. S. 54, (zu S. 103, 106).
Handke, Peter: Kindergeschichte, Suhrkamp Verlag, Frankfurt a.M. 1981, S. 75, 51, 52, 53, 54, 55.
Jelloun, Tahar Ben: Sohn ihres Vaters, Rowohlt Taschenbuch Verlag, Reinbek bei Hamburg 1989, S. 16, 21, 25, 183.
Kafka, Franz: Brief an den Vater. (1919), Fischer Taschenbuch Verlag 1975, S. 12, 27f.
Hebbel, Friedrich: Maria Magdalena. Sämtliche Werke in zwölf Bänden. Vierter Band, Hoffmann & Campe Verlag, Hamburg o.J. III,8 S. 134, III,11 S. 138.
Kaschnitz, Marie Luise: Die Mutter spricht. Der Vater, in: Gesang vom Menschenleben (1982), Gesammelte Werke in sieben Bänden. Fünfter Band Die Gedichte, Insel Verlag, Frankfurt a.M. 1985, S. 532–535.
– Ein Vater vor sechzig Jahren, in: Peter Härtling (Hg.): Die Väter, a.a.O. S. 79, 81.
Kleist, Heinrich von: Die Marquise von O. Sämtliche Werke und Briefe, Zweiter Band. Carl Hanser Verlag, München o.J., S. 145, 144.
Klüger, Ruth: weiter leben. Eine Jugend, Wallstein Verlag, Göttingen 1992, S. 18f., 34f.
Lessing, Gotthold Ephraim: Emilia Galotti. Werke in sechs Bänden. Band 2. I, 4 S. 331f., V,7 S. 481.
Mann, Thomas: Gesang vom Kindchen. Idylle, in: Unordnung und frühes Leid. Erzählungen 1919–1930. Fischer Taschenbuch Verlag, Frankfurt a.M. 1991, S. 100, 99, 108, 104, 105, 112, 113, 106, 117.
– Herr und Hund, ebda., S. 22.
Mansfield, Katherine: Das kleine Töchterchen, in: Etwas Kindliches, aber sehr Natürliches, Fischer Taschenbuch Verlag, Frankfurt a.M. 1983. S. 67.
Manzoni, Alessandro: Die Verlobten. Eine Mailändische Geschichte aus dem siebzehnten Jahrhundert entdeckt und neu gestaltet von A. M. Winkler Verlag, München o.J., S. 213f., 217f., 219, 222f., 227, 230, 231f., 239, 240.
Maron, Monika: Stille Zeile Sechs. Suhrkamp Verlag, Frankfurt a.M. 1991, S. 15f., 157, 158, 159, 166f., 153, 207.
Plath, Sylvia: Unter den Hummeln, in: Zungen aus Stein. Fischer Taschenbuch Verlag, Frankfurt a.M. 1991, S. 23, 29, 30, 32.
– The Disquieting Muses, in: The Collected Poems. Ed. Ted Hughes. Perennial Library, Harper & Row, New York. S. 75, (zu S. 82. Übers. H. G.).
– Briefe nach Hause 1950–1963. Ausgew. u. hg. von Aurelia Plath. Ullstein Verlag, Frankfurt – Berlin – Wien 1981.

– Ariel. Gedichte. Englisch und deutsch, deutsch von Erich Fried. Suhrkamp Verlag, Frankfurt a. M. 1968, S. 106f. (zu S. 91).
– Die Glasglocke, Suhrkamp Verlag, Frankfurt a. M. 1985, S. 86, 73, 85.
Plessen, Elisabeth: Mitteilung an den Adel, Deutscher Taschenbuch Verlag, München 1979, S. 38. (zu S. 30).
Plogstedt, Sibylle: Niemandstochter. Auf der Suche nach dem Vater. Piper Verlag, München 1991.
Rehmann, Ruth: Der Mann auf der Kanzel. Fragen an einen Vater, Deutscher Taschenbuch Verlag, München 1981, S. 7, 15.
Sarraute, Nathalie: Kindheit, Verlag Kiepenheuer & Witsch, Köln 1984, S. 248, S. 51f.
Schiller, Friedrich von: Kabale und Liebe. Sämtliche Werke in 16 Bänden. Zweiter Band, Cotta'sche Buchhandlung, Stuttgart 1893, III, 1 S. 342, V, 3 S. 390, V.5 S. 392.
Shakespeare, William: König Lear. Rowohlts Klassiker. Englisch und Deutsch. In der Übersetzung von Schlegel und Tieck, hg. von L. L. Schücking, I, 1 S. 13f.; V, 3 S. 179, 197.
Smiley, Jane: Tausend Morgen. Verlag S. Fischer, Frankfurt a. M. 1992, S. 32, 34, 244, 268, 445.
Soerensen, Nele Poul: Mein Vater Gottfried Benn, Deutscher Taschenbuch Verlag, München 1975. S. 88, S. 67, S. 64, S. 35, S. 34, S. 111.
Sophokles: Oidipus auf Kolonos. Übersetzt von Ernst Buschor. Reclam Verlag Stuttgart 1960, S. 14.
Walser, Alissa: Geschenkt, in: Der Spiegel. Das Nachrichtenmagazin. 28/92. „‚Ich will dein privates Fleisch'. Die in Klagenfurt ausgezeichnete Erzählung ‚Geschenkt' von Alissa Walser", S. 182ff. (zu S. 31f.).
Wiese, Benno von: Die Deutsche Tragödie von Lessing bis Hebbel. Hoffmann & Campe, Hamburg 1952. S. 606 (zu S. 145).
Wohmann, Gabriele: Vater-Portrait, in: Härtling, Peter (Hg.): Die Väter, a. a. O. S. 219ff.
– Ausflug mit der Mutter. Luchterhand Literaturverlag, Darmstadt u. Neuwied. 1976. Vgl. Gidion, Heidi: Und ich soll immer alles verstehen. a. a. O. S. 174ff. (zu S. 29).
Wolf, Christa: Kindheitsmuster. Luchterhand Verlag. Darmstadt u. Neuwied, 1987. S. 24, 123, 236, 517f., 244.
– Kassandra. Luchterhand Verlag, Darmstadt u. Neuwied 1983. S. 17, 56, 87.
Woolf, Virginia: Die Fahrt zum Leuchtturm. Fischer Taschenbuch Verlag, Frankfurt a. M. 1987, S. 8, 208f., 233, 234.
– Gesammelte Werke Prosa 6. Klaus Reichert (Hg.) Zum Leuchtturm. S. Fischer, Frankfurt a. M. 1991. S. 231 (zu S. 157).
– Augenblicke. Skizzierte Erinnerungen, Fischer Taschenbuch Verlag, Frankfurt a. M. 1986, S. 144f. (zu S. 143f.).
– Ein Zimmer für sich allein, Fischer Taschenbuch Verlag, Frankfurt a. M. 1983, (zu S. 28, 30, 69).
Zeller, Eva: Solange ich denken kann. Roman einer Jugend. Literatur heute. Ullstein Verlag Frankfurt a. M. – Berlin 1981, S. 388, (zu S. 152).

Gunda Schneider
**Noch immer weint das Kind in mir**
Eine Geschichte von Mißbrauch, Gewalt und neuer Hoffnung
Mit einem Nachwort von Irene Johns
Band 4097

Alle haben es gemerkt, und jeder hat geschwiegen – auch Gunda selbst. Erst als erwachsene Frau kann sie die Erfahrung des Inzests in Worte fassen.

Rüdiger Rogoll
**Nimm mich, wie ich bin**
Lieben und Lassen in der Partnerschaft
Band 4102

Rüdiger Rogoll entwirrt die komplizierten Regeln von Psychospielen in der engen Beziehung zwischen Menschen.

Julie und Dorothy Firman
**Lieben ohne festzuhalten**
Töchter und Mütter
Band 4117

Ein einfühlsames, ehrliches Buch für ein geglücktes Verhältnis von Töchtern und Müttern in allen Phasen des Lebens.

Gisela Steineckert
**Aus der Reihe tanzen**
Ach Mama! Ach Tochter!
Band 4147

Gisela Steineckert spürt der besonderen Beziehung von Frauen nach. Ein engagiertes Stück Literatur gegen jede Form von Anpassung.

Samuel Osherson
**Männer entdecken ihre Väter**
Die ersehnte Begegnung
Band 4207

Männer brauchen Väter als Orientierung für ihr eigenes „Mannsein". Eine Wahrheit, die immer mehr ins Zentrum rückt.